Maalot Hashir

Uri (Uriel) Aharon

Maalot Hashir

An anthology of seventy-one melodies for
Shir Hamaalot (Psalms 126)
as Ashkenaz and Frankfurt on the Main
custom, with a barcode for listening,
Notes, Form, and Harmony

Bi-lingual edition: English – Hebrew

Uri (Uriel) Aharon

Rubin Mass, Publishers, Jerusalem

Translation from Hebrew: **Saul Mashbaum**
Recording and mixing studio: **"Sach Hakol"** – Jerusalem
Photography: **Yael Irsai**
Cover paintings advisor: **Dr. Ronit Steinberg**
Pagination and graphic design: **Dani Battat**

The book is published with the assistance of the
Jerusalem Singers' Zimratya Choir, conducted by **Dr. Uri Aharon**

ISBN: 978-965-09-0357-2
©

Rubin Mass Ltd., Publishers and booksellers
POB 990, Jerusalem 9100901, Israel
www.rubinmass.net   rmass@barak.net.il

Printed in Israel

In memoriam

My father and teacher Moshe Aharon
(Max Aron)
My mother and teacher Malka Aharon
(Maddy, nee Buchbinder)
My father-in law, Georges (Yaakov) Weill
My nephew Gilad Weill
Of blessed memory

Contents

Shir Hamaalot for Shabbats and festivals:

Preface

In "Ashkenaz"[1] it was customary, beginning many years ago and down to this very day, to precede *Birkat HaMazon*, the Grace after meals, on *Shabbats*, festivals, and *seudot mitzva*, ceremonial meals on special holiday occasions[2], with chapter 126 of Psalms, *Shir Hamaalot* "A song of ascents, when the Lord restored the fortunes of Zion, we were as dreamers...".[3]

In "Ashkenaz" they adapted to this chapter melodies appropriate to the day in question, according to the Hebrew calendar. Thus, for example, on Chanukah, the chapter was sung to the melody of "*Maoz Tzur*," and before the day of mourning of *Tisha B'Av*, the melody was that of "*Eili Tzion Ve'Areha*" (from the lamentations recited on *Tisha B'Av*). After the establishment of the State of Israel, this chapter was sung to the melody of "*Hatikva*" and on the *Yamim Noraim* (the High Holidays) the melody was that of the special liturgical poems (*piyutim*) customarily said in Ashkenaz during the morning and additional services, and so forth on the other special occasions of the Jewish calendar, such as the "Four Shabbats" (two before Purim, and two after), the Shabbat before *Pesach* (*Shabbat HaGadol*), and the days of *Sefirat HaOmer* between Pesach and *Shavuot*.

The song Shir Hamaalot is a religious song which belongs to the category of religious/traditional special occasions outside of the sphere of synagogue activity. This category is known in the academic study of

---

1 "Askenaz" includes Germany, Alsace-Lorraine, Belgium, Holland, Denmark and England.

2 Biblical holidays or holidays connected to Jewish history such as Chanukah, Purim, and Israel independence day.

3 On weekdays, the custom was to recite Chapter 137 of Psalms "On the rivers of Babylon, there we sat and wept as we remembered Zion" in commemoration of the destruction of the Holy Temple. On days when the "*tachanun*" (supplication) prayer is not said (on somewhat special days) the custom is to say chapter 130 of Psalms, "A song of ascents: I called out to you, O Lord, from the depths." This is cited in the article by Uri Aharon in "Lev Shomea" (The Listening Heart") – The Journal of Jewish Music, (2005), Renanot, Jerusalem, pages 296-307.

Jewish music as *para-liturgical*. This is in contrast to the Kaddish prayer in the synagogue, which introduces various major parts of the service (such as *shacharit*, the morning service, *mussaf*, the additional service on Shabbat and festivals, and *selichot*, penitential prayers said during the High Holiday season), whose musical formulation hints at the musical scale of the prayers it introduces. This category is called *liturgical* in the academic study of Jewish music.

According to a – somewhat outworn – Frankfurt on the Main joke, Shir Hamaalos (as pronounced by Ashkenazic Jews) means "shir ist das mel aus" – that is, "the meal is soon about to end."[4]

Rothschild,[5] whose origins are in Frankfurt on the Main, notes that in the Ashkenazic repertoire, many and varied melodies were composed and adapted for chapter 126 in Psalms for every "special" Shabbat, and also many melodies for every regular Shabbat.

As a descendent of Jews from Frankfurt on the Main, I hereby wish to present 71 melodies for Shir Hamaalot (Psalms 126), most of which I grew up on, and was educated in, in the home of my parents, of blessed memory, and some of which I collected and added by the way, in the course of years.

Only now – from the heights of my "advanced old age" – I feel a yearning for those days in the home of my parents, in whose home the melodic tradition of Shir Hamaalot was so very precise and careful, as were the other customs of Frankfurt on the Main Jewry. As a child, I was somewhat scornful in regards to these customs, which I saw as things which belonged to the Jewish Exile from its Israeli homeland, and not part of the "here and now." This lack of interest on my part in "Yekke" (German Jewry) customs continued unabated for many years, until late in my life. As stated, "suddenly" – as an "old man" – I

---

4 The word "shir" in medieval German means "soon" and the word-pair "mel-aus" (concludes, ends) in the Frankfurt on the Yekke/German accent, sounds similar to maalos. That is, as a play on words, "Shir Hamaalos" is a song that concludes the meal.

5 Rothschild, "Zmirot Shabbat shel Yehudei drom Germania vehaminhagim hakeshurim bahem" (Shabbat Songs of the Jews of Southern Germany, and the Customs Connected to Them), Duchan – the Journal of Jewish Music, VII (1966), pp 99-104.

returned to far-away sources in my past, and among other things, to the melodies of Shir Hamaalot in the present anthology. I declared in principle in recent years that I wish to write down in musical notation, to preserve, and to record, the melodies of Shir Hamaalot, so that they not disappear, and to publish them for the public. In the book in your hands I fulfilled this intention in practice.

I added short explanatory notes and sources for all of the melodies of Shir Hamaalot for special Shabbats and occasions. I didn't cite sources for Shir Hamaalot for regular Shabbats, since often folk songs or children's songs from the distant past – in the region of "Ashkenaz" – mainly from the surrounding non-Jewish environment in which the Jews dwelled – were "sewn" onto this text. It's almost impossible to research the sources of melodies from such a distant past, particularly since the non-Jewish melodies were almost unrecognizably "Judaized" and "converted" in the course of their inclusion in the Jewish tradition, and thus changed from the original. All the melodies in this anthology have been tailored to the Hebrew language in its contemporary pronunciation, so that those who want to sing the melodies in the book can very easily adopt them. Only one example was written with a heavy "German/Yekke" accent, to illustrate the "ring" of the melody with the original accent.

When I was a student in the Rubin Academy of Music in Jerusalem, I worked as a researcher and recorder of informants from Jewish ethnic groups, and in the end I was the cataloger of the recordings archives of Professor Edith (Esther) Gerzon-Kivi, o.b.m. In one of the field recordings of Rabbi Avigdor Una, o.b.m. that we made together, in order to locate Ashkenazi Jews' melodies for Shir Hamaalot, Professor Gerzon-Kivi clapped her hands and broke out laughing when she heard one of the melodies that Rabbi Una sang, and commented when he finished "I recognize that tune as a German youth song from the distant past with words ... well, it's not appropriate that I translate them for you... and you sing Shir Hamaalot (a religious text) to that tune?"[6] Today, my answer to that question is

---

6   See for example what I wrote about the melody for Shir Hamaalot for
    sefirat ha-omer and its "similarity" (as it were) to the famous melody from

that a tune is not subject to impurity. Emmanuel HaRomi[7] already wrote in his notebooks in the beginning of the 14th century, regarding the question of borrowing from non-Jewish repositories of music: "What does Jewish music say to non-Jewish music? 'For I have been stolen from the land of the Hebrews.' That is to say, maybe this is case of 'restoring a crown to its previous state', or "converting" (back) non-Jewish material that they "borrowed" from us.

As I said above, I collected 71 melodies to this anthology, but it is clear that there are additional melodies that I didn't find. Thus, there are 3 more melodies I have written down (only the two introductory bars[8]); none of the informants – who contributed the music of the seventy-one melodies in this anthology – knew how to continue and complete (based on the beginning bars) these three "transcribed" melodies to their end.

Most of the "classic" melodies (for festivals and Shabbats immediately preceding festivals and holidays) are collected here, as well as the melodies for regular Shabbats which are well-known in "Ashkenaz" in general, and in Frankfurt on the Main in particular.

The intention of the anthology before us is to preserve the melodies for renewed use in a contemporary accent, so that they not be lost. On purpose, there is no intention of preserving the accent, or to imitate the singing in Ashkenazic accentuation, as Hebrew was spoken in the territory of "Ashkenaz."[9]

---

the opera "The Marriage of Figaro" by Mozart, in "Lev Shomea", Duchan, the Journal of Jewish Music, XVI, Renanot, page 297.

7   Emmanuel HaRomi, Machbarot HaRomi, A.M Haberman edition, Tel-Aviv, Machbarot L'Sifrut, 1946, page 185.

8   It is obvious that the written notation is clearly amateurish, and merely served as mnemonic notes to thus who wrote them down, similar to written notes in "cantors' notebooks" which guided "enlightened cantors" (=those who knew how to read musical notes), which were designed to remind them and to help them to move through their cantorial repertoire smoothly, without mistakes, though the various different musical transitions between the sections of the prayers.

9   In other words, to avoid disrespect for respectable material.

A future intention is to harmonize the seventy-one melodies, and release them as an anthology for a four-voice choir. The "Zimratya" choir is in the middle of rehearsals for this future project.

I thank my dear daughter Maayane Safdie, Dr. Yachin Una, Dr. Mordechai Neeman, Dr. Gila Flam, Yehuda Tamir, and Yitzchak Bartman, Mr. Gershon Pollack, o.b.m., (who gave me the song book from which we recorded the example in the original accent, and additional fragrances from Holland/Amsterdam), Gavriel Klein, Nechama Jesselson for the tape in which her father, the legal expert Yaakov BarOr o.b.m., sang Shir Hamaalot (number 26 in this anthology) – a melody mourning the loss of the Ashkenazic communities in the decrees of 1096; the melody was written down and recoded with additions – Nechama Shragai, Avigail Tzur, and Bini Breuer – for the Shir Hamaalot versions they provided me with on the way, and also Daniel and Ruth Rosenfelder of London.

Thanks to Aryeh Holtzberg, Ori Britman, Aharon Dvir, Ofer Schapira, Yoel Steinmintz, Baruch Steiner and Rita Feldman (the pianist of the "Zimratya" choir) and Yaakov (Kobi) Ringel (the CEO of the "Zimratya" choir) – for their help on internet and administrative tasks.

I thank the conductor, pianist, and arranger Oryan Shukrun for his good advice, Shmuel Berlad, the baritone cantor and singer from the Israeli Opera, who immigrated to Israel from Frankfurt on the Main/Germany – for his rendition of the Shir Hamaalot melody in a Yekke accent to demonstrate the original (number 72 in the anthology).

Special thanks to the pianist and singer Eliyahu Zabaly[10] for his performance (vocal and instrumental) of the seventy-one melodies in this book, and similarly, for our teamwork in harmonizing the melodies.

Thanks to my dear family: My wife Nathalie, my children Maayane and Chen, my son-in-law Uzi and my wonderful grandchildren: Shaked, Nadav, Roi, Shani, and Tal, who put into practice, on every Shabbat and holiday, most of the melodies written down and recorded in this anthology.

---

10 Eliyahu Zabaly passed away prematurely, on Passover 2020.

Introduction

The fifteen chapters of Psalms that open with the Hebrew words "Shir Hamaalot"[1] (A song of ascents), Psalms 120-134, deal with various subjects connected to the return of most of the Jews who were exiled to Babylonia to Zion, such as: the return to Zion itself, the pilgrimage to the Temple, festivals and holidays, the service in the Temple, and consolation in difficult times.

Chapter 126 is written, in its first part, from the viewpoint of the Babylonian exiles who were still in exile, in preparation for their return to Zion. The second part of the psalm deals with a prayer for the future, a plea of the Almighty to return them to Zion, and a prayer that Zion return to its former fine state.

There are those who say that the name Shir Hamaalot was given to these Psalms because they were composed at the beginning of the 'ascent' (=return) to Israel, as we find in Ezra 7,9 "For upon the first day of the first month, he began to go up from Babylon; and on the first day of the fifth month, he came to Jerusalem, according to the good hand of his God upon him." That is to say, there are those conject that these Psalms were composed in the days of 'Yesud Hamaalah' (the beginning of ascent) and thus they were called 'maalot' (ascents). The term 'yesud hamaala' means the onset of the ascent; the gathering together (hayesud) of the returnees was on the first day of the first month (Nissan); one can say that the preparations started then. The returnees did not ascend to Israel together, but rather travelled in smaller groups, one after the other. It seems that more than three months passed from the day on which the first returnees set out until the return of most of the ascenders concluded (for indeed not all those exiled returned to Zion and arrived in Jerusalem; some remained in exile). Ezra the Scribe returned with the last group, for he took care before that to arrange the return from Babylonia to Zion of all groups before him. It is possible to consider chapter 126 – referring to the time

---

11 Only Psalm 121 in this series of chapter starts with the words "Shir Lamaalot", and Rashi comments there that it refers to the songs of the Levites on the way to the ascent (that is, the steps that rose from the women's section to the Israel's section of the Holy Temple).

of the return from Babylonia – as something of the anthem of the redemption from exile.

And some say that the name *"maalot"* (steps) was applied to these Psalms, according to the "Vulgata" - (the most important translation of the Christian Scriptures and the Bible into Latin), because the Levites sang them, to the accompaniment of musical instruments, on the *maalot* (= steps) that rose from the women's section to the Israel section in the temple, as we see in the Mishna (Middot 2,5) "... And fifteen steps rise from it (the women's section) to Israel section, corresponding to the fifteen 'songs of steps' in Psalms..."

Psalms 126 is very well known popularly as the chapter that introduces the Grace after Meals on Shabbat, festivals, and days on which the *tachanun* [supplications] prayer is not said.

It is not possible to determine when this tradition of a different melody for each Shabbat during the year was started, but is known in the "Ashkenazi" region that this is a well-established and long-lasting tradition. "Ashkenazic" Jewish communities, in their various places in the region, developed a wide range of dialects for tunes from one common template. The matter is similar to fingerprints of human beings, which are all very similar, but there are no two people on earth who have exactly the same fingerprint.

Psalm 126 was proposed as an anthem of the State of Israel, instead of the song *HaTikva* (the Hope) that Naftali Hertz Imber wrote. Since the establishment of the State, many religious Zionist communities have been accustomed to sing Psalm 126 in the melody of *"HaTikva"* (see below Shir Hamaalot 23) at the end of the Yom Haatzma'ut (Israel Independence Day) service, and this has been the practice to this day.

To listen to the songs in the anthology, scan the barcode that is on every page of musical notes in the order of the demos 1 – 72 that appear on the monitor.

Psalms 126 (text)

Psalms 126:

1. *A song of ascents, when the Lord restored the fortunes of Zion, we were as dreamers.*

   The returnees to Zion who personally experienced the fulfillment of their dream and hope, joyfully sing of the return, and pray for the complete redemption. In other words, we were as dreamers, i.e., we couldn't believe that the dream of return was being fulfilled in reality before their very eyes.

2. *Then was our mouth filled with laughter, and our tongue with singing; then they said among the nations: 'The LORD has done great things with these.'*

   When the returnees to Zion realized that the dream was being fulfilled before their very eyes, their mouths were full of laughter, and their tongues burst out in song. Even the gentiles knew to appreciate how great the deeds of the Almighty with these (returnees to Zion) are.

3. *The LORD has done great things with us; we rejoiced.*

   The great deeds of the Lord regarding the returnees to Zion cause their joy.

4. *Return our captivity, O LORD, as the streams in the dry land.*

   This verse expresses the prayer of the returnees, who request that the Lord 'restore the crown to its previous state,' that is, return them to their previous fine state. The imagery of the streams of the Negev (southern Israel desert), which are known to be dried- out streams most of the year, is consciously used to symbolize the painful Babylonian exile. These very dried-out streams, which are filled with flash floods when the occasional downpours of rain appear, are symbolic (in the returnees to Zion's prayer) of their prayer for those of the Jewish people who remained in Babylonia; or perhaps this is their prayer for themselves, that they completely fulfill their return – that the Lord may return those who return to Zion to their former good state, just as the streams of the Negev flow in good times.

5. *They that sow in tears shall reap in joy.*

   The returnees to Zion pray and hope to see reward and blessing in their efforts, like the farmer who sows in tears, crying over the fear of failure of the crops, but in the end rejoices at the result, reaping in joy as he sees that his crop was successful and abundant.

6. *Though he goes on his way weeping, he who bears the measure of seed, he shall come home with joy, bearing his sheaves.*

   This verse expand the idea from the previous verse. Like the apprehensive farmer who feared the future of the seeds that had been sown – for a long and prolonged period – until he merited to see a crop sprout and grow – thus the returnees to Zion feared and dreaded their new state, until they are absorbed into the Land and progress to the stage of a good and safe future there. The prayer of the returnees to Zion ends in the hope that they experience only good, like the successful farmer who carries his sheaves at harvest time.

The chapter is divided into two parts:

Verses 1-3: Thanks to the Lord for their return from the Babylonian exile, and the restoration of their former good state.

Verses 4-6: Entreaty of the Lord for their full redemption, and once again of the restoration of goodness to Zion, as in days of old.

Psalms 126 and its selection

This book, which gathers together the repertoire of melodies of "The song of ascents" (Psalms 126) among Western European Jewry in general and the Jewry of Frankfurt on the Main in particular, will discuss in its text part only the chapter in question, its connection to Grace after Meals, and musical matters related to it alone.

The Mishna in Avot 3,3 teaches us that in was customary to say words of Torah before the Grace after Meals. "Rabbi Shimon says: Three people who ate at one table and did not say words of Torah at it – it is as if they ate from offerings of the dead (idolatrous sacrifices) as it says (Isaiah 28,8) 'For all tables are full of filthy vomit, and no place is clean.' But three that ate at one table and did say words of Torah at it – it is as if they ate at the table of the Lord, as it says (Ezekiel 41,22): "And he spoke to me 'this is the table that is before the Lord.'"

The Bartenura, in his commentary on the Mishna before us writes: "'... and they did not say words of Torah at it': by saying the Grace after Meals, blessings said at the table, they fulfill their obligation, and it's considered that they said words of Torah. Thus I have heard."

The Mishna Brurah disagrees with him.

The Mishna Brurah (Orach Chaim 170,1) explains: "... And it is obligatory for every person to learn Torah at his table, for every table at which they did not say words of Torah – it is as if they ate from offerings of the dead (idolatrous sacrifices), and the Shlah wrote: "learning a *mishna* or *halacha* or homiletic passage or a book of morals, and one does not fulfill their obligation by merely saying the Grace after meals; and at the very least one should say a Psalm, and it is good to say the Psalm 'the Lord is my shepherd' (Psalms 23), which contains words of Torah and a prayer for a person's food."

It is unclear if the Mishna Brurah to Orach Chaim 170,1 meant that precisely Psalms 23 is what counts as the words of Torah that must be said at a person's meal – or if any chapter of Psalms, from among the 150 chapters of the book, will do. In any event, from this passage comes the custom to say a chapter of Psalms before the Grace after Meals. Chapter 137 "By the rivers of Babylon, there we sat and wept when we remembered Zion..." was chosen to be the chapter to be said

on weekdays before the Grace after Meals, in order for a person to fulfill his obligation to say words of the Torah at his table. This chapter was probably chosen because of the practice, according to Jewish tradition, to remember the mourning for the destruction of the Holy Temple in the course of happy events. In the course of the chapter appears the verse "If I forget thee, O Yerushalayim, let my right hand forget her cunning. If I do not remember thee, let my tongue cleave to the roof of my mouth; if I do not set Yerushalayim above my highest joy". This is the verse said by the groom on his joyous day, before breaking a glass at his wedding. Thus also, at the time of joy when entering a new home, we leave a small part of a wall not plastered, in memory of the destruction of the Temple. On Shabbats and festivals – on which it is not customary for Jews to grieve – we need an alternate chapter of Psalms, with a happy content, that is suitable to the atmosphere of the Shabbat or the holiday and even reminds us of Jerusalem. Chapter 126: "A song of ascents: When the Lord brought back the captivity of Ziyyon" was selected as the alternate chapter. I think that Chapter 126 was chosen because it mentions the return to Zion (Zion=Jerusalem) as part of its atmosphere of joy, in contrast to Psalm 137 "...when we remembered Zion," with its atmosphere of mourning. That is, the joy of the return to the Land of Israel of most of those exiled to Babylonia and, as it seems, the beginning of construction of the Second Temple, in Chapter 126, in contrast to the exiles to Babylonia being in a foreign land, and the destruction of the first Holy Temple, in Chapter 137.

It should be noted that the custom to say Chapter 137 on weekdays, as a prelude to the Grace after Meals, has been abandoned by a large majority of the public for a long time. One of the reasons for this stems from the fact that festive banquets with the family's participation and guests are held mainly on Shabbats and holidays, and fewer are held on weekdays. Hence, chapter 126 has merited being said many times, as opposed to Chapter 137, that has been abandoned, as mentioned, and even forgotten, by a large majority of the public.[2]

---

12 See "Lev Shomea", where I wrote in note 1: On weekdays , the custom is to say Chapter 137 of Psalms "On the rivers of Babylon..." in memory of

Our brethren, the Sephardic Jews, are accustomed to adding – on days when the *tachanun* [supplications] prayer is said – Psalms 67 to Psalms 137. On days when the *tachanun* [supplications] prayer is not said, their custom is to add Psalms 87 and the following verses:

"I will bless the Lord at all times; His praise is always in my mouth. The end of the matter, all having been heard: fear God, and keep His commandments; for this is the whole man. My mouth shall speak the praise of the Lord, and let all flesh bless His holy name for ever and ever. And we will bless the Lord from this time forth and forever. Hallelujah. This is the table that is before the Lord".

The Jews of Western Europe from the region of "Ashkenaz" are accustomed to adding the following verses to Chapter 137:
My mouth shall speak the praise of the Lord;
and let all flesh bless His holy name for ever and ever.
And we will bless the Lord
from this time forth and forever. Hallelujah,
O give thanks unto the Lord, for He is good,
His mercy endures forever.
Who can express the mighty acts of the Lord,
or make all His praise to be heard?

The melodies in this anthology apply only to the six verses of Chapter 126 itself, without the additions.

---

the destruction of the Temple. On days when the *tachanun* [supplications] prayer is not said, it is customary to say chapter 130 of Psalms "A song of ascents: From the depths I called on you, O Lord."

Psalms 126 as biblical verse (music)

Biblical verse with cantillation[3] is speech arranged by the meter of the poem, and by an agreed-upon rhythm. It is known[4] that the rhythm of the speech of the verse was accompanied by a melody; the liturgical texts in ancient times always had a melody, and poems were always sung.

Psalms 126, for example (transliterated to illustrate the meter)

1. Shir hamaalot:
   B'shuv Hashem et shivat tzion – hayinu k'cholmim
2. Az yimaleh s'chok pinu – ulshoneinu rina
   Az-yomru bagoyim – higdil Hashem laasot im-eleh
3. Higdil Hashem laasot imanu – hayinu s'mechim
4. Shuva Hashem et sheviteinu – kaafikim banegev
5. Hazorim b'dima – b'rina yiktzoru
6. Haloch yeileich uvacho – nosei meshech hazara
   Bo yavo b'rina — nosei alumotav

---

13 The "Emet" (Job, Proverbs, and Psalms) cantillation notes.

14 It universally recognized (something of an axiom, among the researchers of ancient music), that every text of a religious character in ancient religions was recited with a melody. See Uri Aharon, "HaKol VeHaTaam" (The Voice and the Cantillation) (Heb.), The Bialik Institute, Jerusalem, 2015, page 19.

Chapter 126 can be read in two ways of dividing the meter of the verse

a. Triple meter	**1**		**2**		**3**
beats	2	+	2	+	2
b. Duple meter	**1**		**2**		
beats	1 + 2 + 3		1 + 2 + 3		

All the melodies in the book can be written down in six eights meter: 6 (the number of tones beats in the bar), 8 (representing the total number of beats in the bar). In other words, Chapter 126 contains both even and odd meters, and all the melodies, both even and odd, can be written as six-eights meter. In the book, we also wrote quarters meters: 4 quarters, three quarters and two-quarters, since the original melodies, before they were "sewn" onto chapter 126, were written thus, and not as six-eighths meter. This note comes to explain why the two types of musical meter, the even and the odd, are suitable for the text of Chapter 126.

The transliterated Hebrew text of Psalms 126, with division into bars:

Shir hamaalot:
B'shuv Hashem/ et shivat tzion/ hayinu k'cholmim
Az yimaleh/ s'chok pinu/ ulshoneinu rina
Az-yomru vagoyim/ higdil Hashem/ laasot im-eleh
Higdil Hashem/ laasot imanu/ hayinu s'mechim
Shuva Hashem/ et shviteinu/ kaafikim banegev
Hazorim b'dima/ b'rina yiktzoru
Haloch yelech uvacho/ nosei meshech hazara
Bo yavo b'rina/ nosei alumotav

We can detect three aspects of this song of Chapter 126:
a. In respect to the textual content and style in this chapter, it is a form of high and flowery speech, which is called "poetry" in literature.
b. In respect to the tone and measured meter, it is a form of rhythmic speech, which is called "verse" in literature.
c. In respect to the melody which accompanies the chapter, it is what is called "song" in music.

I added an analysis of the form to all musical notations written here, and the reader can gain an impression of the wide variety.

This collection of 71 melodies for Shir Hamaalot," Psalms 126, from the territory of "Ashkenaz" (Germany) preserves, in musical notation, and in audio recordings, a unique tradition that characterized the Jews of Western Europe, in which the melodies for Psalm 126 were changed for every Shabbat, biblical holidays, and other holidays. Thus, in this anthology, I collected and documented the following melodies, so that this unique tradition should not become extinct. The intention, as stated, is the preserve the melodies. It is known that there exist additional dialects of the melodies I documented, in the sense of a theme and variations[5].

Shabbat songs in the territory of "Ashkenaz" in general and in Frankfurt on the Main in particular

Shabbat songs are religious songs of praise sung (outside of the synagogue) on various of occasions such as Shabbat meals, or on Saturday night after the Shabbat has ended, and on Shabbats and holidays before the Grace after Meals blessings, in the para-liturgic activity in the home.

These songs were instituted for the common folk who did not say learned words of Torah at the Shabbat meal table, in order to fulfill the concept of the holiness of the table, "this is the table before the Lord." As the Mishna in Tractate Avot cited above indicated, "...it is an obligation for everyone to learn Torah at his table, and every table on which words of Torah were not spoken is regarded as if idolatrous sacrifices were eaten on it..."

From the time the first Holy Temple in Jerusalem was destroyed, songs in Israel were discontinued, as in says in the book of Lamentations (5,14) "The elders have ceased from the city gates; the

---

15 As happens in an oral "tradition" which was passed down from father to son and was never written down. Only a small number of the melodies of Psalm 126 were written down, and this anthology is the first one which presents 71 melodies as a form of preservation of a joyous melodic tradition which was until now an oral tradition, as stated.

young men from their music." Similarly, singing was discontinued when the Great Sanhedrin was disbanded, as is related in the Mishna (Sotah 9,11). However, in the course of Shabbat meals, they punctiliously continued to sing religious songs and be joyous, as is related in Midrash Shir Hashirim Rabbah ('Brach Dodi' section) "... As it is the practice of the Jewish people, when they eat and drink [on the Shabbat], to be joyful, and sing songs of praise [to the Almighty]."

The content of the songs was descriptions of the customs of Shabbat, and homiletical passages, which served as learning of Torah at the meal at the table, to fulfill this obligation.

Among the Jews of Ashkenaz these songs were very customary. In the course of the generations, collections were put together of songs that Jews sang after returning from the synagogue – "Ana Melech Malchei Ham'lachim", "Shalom Aleichem," "Eishet Chayil Mi Yimtza," and the musical version of Kiddush, sanctification over wine – before the meal, and the many religious songs sung during the meal and at its conclusion, which transformed the meal into a defining activity. And so too, Psalms 126 "Shir Hamaalot B'shuv Hashem..." before the Grace after Meals. In other words, the Shabbat meal, and the religious songs – before, during, and after the meal – transformed the meal into something central in the lives of the Jews in Ashkenaz.

Three groups of Shabbat songs were put together in the prayer books of Ashkenazic Jews:

1. Eight poems for the Shabbat Eve, such as "Kol M'kadshei Shvii," "M'nucha V'Simcha", "Ma Y'didut", "Ma Yafit", "Yom Shabbat Kodesh", "Kah Ribon", "Tzur Mishelo" and "Yom Ze L'Yisrael". In years that followed "Tzamah Nafshi" and kabbalistic songs were added.

2. Eight poems for the Shabbat Day, such as "Baruch Hashem Yom Yom," "Baruch Keil Elyon", "Yom Zeh M'chubad", "Yom Shabbaton", "Ki Eshm'ra Shabbat", "Shimru Shabtotai", "Dror Yikra" and "Shabbat Hayom Lashem." Here too, in the course of time, additional songs entered.

3. Nine for the Havdala service on Saturday night such as "HaMavdil," "Eliyahu Ha Navi," "B'Motzaei Yom M'nuchah", "Chadesh S'soni", "Agil V'Esmach", "Elokim Yisadeinu", "Keili

Chish Goali", "Adir Ayom V'Norah", and "Ish Chasid Haya."
Here too, in the course of time, additional songs entered this group.

On the Perimiter of the Study

In this anthology, I have gathered together, for all the transcriptions of
the musical notes of the melodies of Chapter 126 in Psalms – for
special Shabbats, holidays and festivals, as sung in my parents' home –
the original melodies, with which the "Ashkenazi" and Frankfurt on
the Main Jews sang special *piyyutim* [liturgical poems] according to the
Shabbat, festival or holiday at hand, and who borrowed these melodies
for the corresponding melody of Shir Hamaalot.

I did not add the original melodies 126 for "regular" Shabbats to my
written musical notes of the melodies of Chapter, since these melodies,
most of which were taken from the surrounding non-Jewish
environment, underwent various changes as they were "converted" or
"Judaized" to adapt them to Chapter 126; both the melody and the
rhythm were modified somewhat. Thus, from one basic melody,
different melodic dialects were created in the course of transferring it
onto the verses of Psalms 126.

To demonstrate this difficulty, I wrote down three phenomena
(=events which can be "seen" while "dealing with" the material) which
a researcher faces while trying to discover the sources of the melodies.
1. The first phenomenon: the "reincarnation" of a melody.
2. The second phenomenon: the "story" of a melody.
3. The third phenomenon: the "transformation" of a melody (that is,
   adoption of part of a melody – non-Jewish for the most part – and
   its development in a different, other style, in order to adapt its
   development to the spirit of Jewish tradition).

1. The reincarnation of a melody

In the 1910 Hebrew Hymnal (Kol Rina - in hebrew) book I found the following written version:

15. SHIR HAMA-A-LOS.

(BEFORE GRACE.)

Andante.
1. Shir.... ha - ma - a - los be - shuv A - do - noy
2. Oz...... yi - mo - le se - chok.. pi - nu..
es shi - vas tsi - yon ho - yi - nu ke - cho - le - mim.
ul - le - sho - ne - nu ri - - - noh.......

3. Oz yo-me-ru va-go-yim hig-dil A-do-noy la-a-sos im-e-leh.
4. Hig-dil A-do-noy la-a-sos im-monu ho-yi-nu se-me-chim.
5. Shu-voh A-do-noy es she-vi-se-nu ka-a-fi-kim ba-ne-gev.
6. Ha-zor-im be-dim-oh be-ri-noh yik-tso-ru.
7. Ho-loch ye-lech u-vo-choh no-se me-shech ha-zo-ra.
8. Bo-yo-vo ve-ri-noh no-se a-lu-mo-sov.

שִׁיר הַמַּעֲלוֹת. בְּשׁוּב יְיָ אֶת־שִׁיבַת צִיּוֹן הָיִינוּ כְּחֹלְמִים: אָז יִמָּלֵא
שְׂחֹק פִּינוּ וּלְשׁוֹנֵנוּ רִנָּה. אָז יֹאמְרוּ בַגּוֹיִם הִגְדִּיל יְיָ לַעֲשׂוֹת עִם־אֵלֶּה:
הִגְדִּיל יְיָ לַעֲשׂוֹת עִמָּנוּ הָיִינוּ שְׂמֵחִים: שׁוּבָה יְיָ אֶת־שְׁבִיתֵנוּ כַּאֲפִיקִים
בַּנֶּגֶב: הַזֹּרְעִים בְּדִמְעָה בְּרִנָּה יִקְצֹרוּ: הָלוֹךְ יֵלֵךְ וּבָכֹה נֹשֵׂא מֶשֶׁךְ־
הַזָּרַע בֹּא־יָבֹא בְרִנָּה נֹשֵׂא אֲלֻמֹּתָיו:

When the Lord turned again the captivity of Zion, we were like unto them that dream. Then was our mouth filled with laughter, and our tongue with exultation: then said they among the nations, The Lord hath done great things for them. The Lord hath done great things for us; whereat we rejoiced. Bring back our captivity, O Lord, as the streams in the south. They that sow in tears shall reap in joy. Though he goeth on his way weeping, bearing the store of seed, he shall come back with joy, bearing his sheaves.

(34)

And in the book "Zmirot Ut'filot Yisrael," 1915, the following written version appears:

f
oz yo - m' - ru oz yom' - ru vag - go - yim hig - dil —— a -
ho - loch ye - lech u - - - - vo - cho no - se —
f
do - noi la - a sos im e - leh hig - dil —— a - do - noi
me-shech ha - zo - - - - ra bo - - - yo - vo v'-
f
la - a-sos im - mo - nu ho - ji - nu —— s' - me - chim.
rin - - - noh no - se —— a - lum - mo - sov.
f

2. The story of a melody

The melody of Shir Hamaalot, Psalms 126, for *sefirat ha-omer*[6] sounds jubilant, amusing, and somewhat dance-like. In other words, the happy atmosphere that the melody creates is well-suited to the spring season, the period of harvest, and the Festival of Weeks (*Shavuot*) that concludes the *sefirat ha-omer* period. However, the sad events that were experienced by the Jews during this period between *Pesach* and *Shavuot* about 70 years after the destruction of the Second Temple, as a result of the failure of the Bar Kokhba rebellion, and then the death of twenty-four thousand of Rabbi Akiva's disciples in a plague at that time, made the first thirty-third days of the *sefirat-ho-omer* period into days of mourning. Thus, that jubilant, amusing, and dance-like melody does not fit the atmosphere of these days. Moreover, the story that accompanies the melody to the days of *sefirat-ho-omer* is evidence of the accepted opinion among the Jews of Frankfurt on the Main that the melody was taken from an aria the character Figaro sang in the opera "The Marriage of Figaro" by Mozart.

This pleasant melody was used – and is still used now, as well – as the tune to the *piyyut* "Lecha Dodi" on Shabbats during the *sefirat ha-omer* period, in the liturgical sphere, in the synagogue. The same is the also case in regard to Shabbats during the *sefirat ha-omer* period in the para-liturgical sphere, at occasions of a religious nature outside the synagogue. Breuer[7] testifies about Fabian Ogutsch, that he accurately recorded the musical tradition of the ancient Frankfurt community.

16 I wish to note that I already relayed to this subject in a pilot article to my study of melodies to Shir hamaalot Psalms 126. In that article, I related to the melody for sefirat ha-omer and the melodies of the three pilgrimage festivals. In all, I dealt with four melodies from among the 71 melodies to Shir Hamaalot in the study. See Aharaon, U., "Melodies to Shir Hamaalot (Psalms 126) of Frankfurt on the Main," Y.S Rakanati,(ed.) "Lev Somea, Jubilee Book in Honor of Avigdor Herzog, Duchan, XVI, Jerusalem, Renanot – the Institute of Jewish Music, 5766 (2006), pp 296-307.

17 Breuer,M., A Critique of Arik Werner's book "...A Voice Still Heard", Kiryat Sefer, LIV, 5739/1979,pp 576-584.

Ogutsch,[8] writes in a footnote to the musical notes he recoded for the song "Lecha Dodi" for the *sefirat ha-omer* period: "Except for the days of *sefirat ha-omer* and the three weeks (of mourning before Tisha B'Av) Lecha Dodi can be sung to any melody you want." Werner[9], who relates to Psalms 126, notes: "...the popular Jewish and non-Jewish melodies were adapted to chapter 126...other catchy tunes were taken from operas and operettas..."

Shlomo Hed[10], who recounts the plot of the opera "The Marriage of Figaro," describes, the beginning of the first act, where the similar melody, as it were, appears: "Figaro is measuring the room designed to be the residence of the new couple. Susanna is measuring the bride's clothing. She tells Figaro that the Count has assigned precisely this room to them, because it is in the vicinity of the Count's bedroom, since the Count has intentions towards her. This comes as a surprise to Figaro. He is angry, but in his cunning way he already plots schemes, and he sings an amusingly defiant aria regarding the Count: Se Vuol Ballare ('If you want to dance, my lord the Count, I will provide you with an escort')."

The question that arises here is, how did melody of the flirtitious opera "The Marriage of Figaro" find a place in the liturgy of the synagogue ("Lecha Dodi"), or a place in para-liturgy of songs at the Shabbat dinner at home (Shir Hamaalot, Psalms 126) in the musical repertoire of Frankfurt on the Main?

The musical line which is important in regard to this subject of ours is the song of Figaro and next page (p2) Fig:

---

18 Ogutsch Fabian, Der Frankfurter Kantor-Sammlung der traditionellen Frankfurter Synagogalen Gesange, Nr. 42. J. Kauffmann Verlag, Frankfurt am Main 1930, page 17.

19 Werner Eric, A Voice Still heard...; the sacred song of the Ashkenazic Jews, University Park, The Pennsylvania State University 1976, page 141.

20 Shlomo Hed, Opera – The Story of the 120 Greatest Operas, Dvir, 1991, page 28.

3. Cavatina

W. A. Mozart

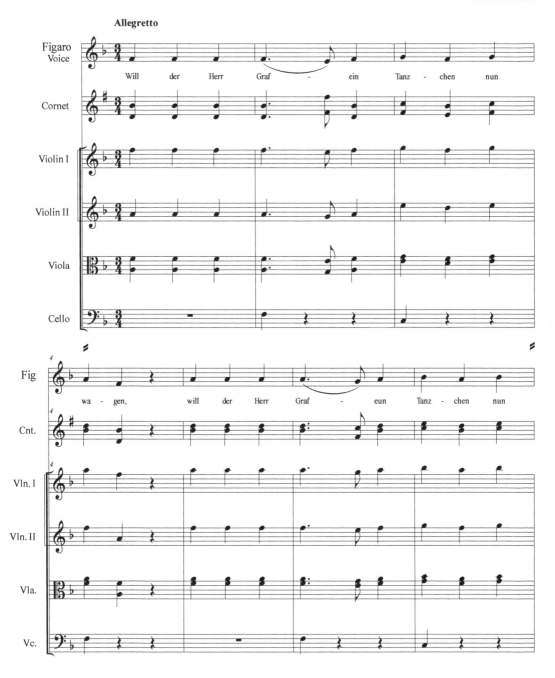

8
Fig
wa-gen, mag-er's mir sa-gen, ich spiel ihm auf, mag er's mir sa - gen, ich spiel' ihm auf, ja, ich spiel' ihm
Cnt.
Vln. I
Vln. II
Vla.
Vc.

18
Fig
auf, ja, ich spiel' ihm auf
Cnt.
Vln. I
Vln. II
Vla.
Vc.

Fabian Ogutsch transcribed the melody for Lecha Dodi thus:

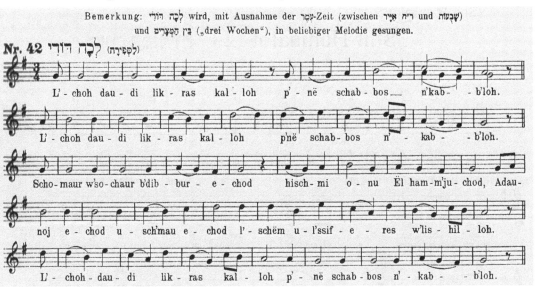

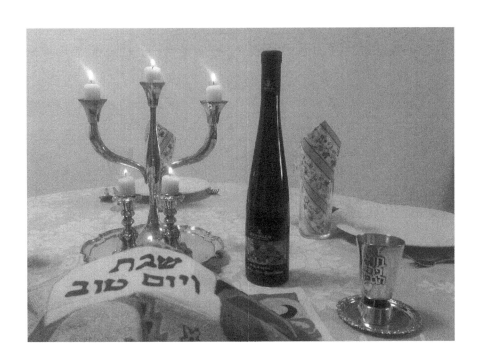

This is how I transcribed the melody I learned in my parents' house for Shir Hamaalot:

Shir Hamaalot 24 שיר המעלות

לימי ספירת העומר

For Sefirat Haomer days

Comparing the melody recorded by Ogutsch, or the one I recorded, to that of the role of Figaro in the opera, we see clearly that the melodies aren't similar at all, except for the meter (three-quarters), and the course of the musical sequence[11] (progression) for only three bars.

Werner notes several techniques of musical "appropriation" from the surrounding non-Jewish environment for the sake of the musical repertoire of the community in the liturgical or para-liturgical sphere:

"*Zersingen* (expanding melodies far beyond their original scope) and variation. Both these techniques had to conform to the sense of the Hebrew text , and to its liturgical function. The practices of Zersingen and variations, common to folk song of all nations, are noteworthy in the transition from folk song to artistic music

---

21 Sequence - a series of repetitions of a musical passage in consecutive levels on the scale.

(ascending culture) and even more so in the vulgarization of an art song (descending culture). They appear either as pretexts for repetition of a melodic line, or as occasions for coloratura flourishes. A favorite method of variation is the frequent use of sequences; they dominate entire sections of minhag ashkenaz."[12]

Thus, we have found, as stated, that the melody under discussion and the aria from Mozart's opera correspond in three bars, and the question arises, which came first?

This is what I wrote in the preliminary article of the research before us:

There may be deliberate imitation here, but it may also be a coincidence. Repetitions of an existing motif in the sequence technique can remind us of similar use in other compositions. As we said before, if there is any similarity between the tune of "L'cha Dodi" or "Shir Hamaalot" for *sefirat ha-omer* and "The Marriage of Figaro," it exists only in the meter and motif composed of three bars repeated in the sequence technique. In any event, in the consciousness of the the Frankfurt community and many Ashkenazi communities, the melody we are discussing was, and will remain, the melody in question – a melody from the opera by Mozart, although we are speaking of two different tunes, except for the three mentioned bars.[13]

And another answer on this subject, Werners's comment:

Before the corrupting influence of Italian opera became dominant, the technique of cantorial ornamentation served as a formative stimulus toward the gradual "modernization" of the synagogal melos. The favorite vocal ornaments of the old cantors were, in general, modest pre-heletic ornaments: trills, patterns of changing and neighboring notes, plus the dearly-beloved chains of sequences, which in the older manuscripts are kept within moderate limits.[14]

---

22 Werner (above note 18) page 25.
23 Aharon (above note 15), page 300.
24 Werner (above note 18), page 104.

3. The changing of a melody

Ogutsch wrote, below the musical notes of the melodies of Shir Hamaalot for Shavuot, additional prayers sung by that melody, such as "*Hodu Lashem Ki Tov, Ki L'Olam Chasdo*" and "*Ana Hashem Hoshiya Na*" from Hallel (Psalms 113-118), *Birkat Kohanim* (the priestly blessing) said when the kohanim ascend the podium before the Ark, and the religious poem *"Akdamut"* recited before the reading of the Law on the festival of *Shavuot.*

Thus Fabian Ogutsch transcribed the melody, and he added comments for its performance:

Nr. 142 הוֹדוּ
Hau - du la - dau - noj ki - - tauw ki l'au - lom chass - dau
Gemeinde wiederholt
Jau - mar no jis - ro - ël ki l'au - lom chass - dau. Jaum-ru no bës a - ha-raun
ki l'au-lom chass - dau. Jaum-ru no jir-ë A-dau - noj ki l'- au - lom chass dau.
Ebenso אָנָּא und in gleicher Melodie סֵדֶר דוּכָן, sowie die ersten und letzten Verse des in der Thoravorlesung einzuschaltenden אַקְדָּמוּת. — Die übrigen Melodien wie am פֶּסַח. Am zweiten Tage (מַתְּנַת יָד) wie am achten פֶּסַח-Tage. Vor מְגִלַּת רוּת siehe Nr. 132—134.

In my parents' house, they sang the melody as I have recorded it here:

Shir Hamaalot 27 שיר המעלות

לשבועות

For Shavuot

In Avnari's research study of of melodies and piyyutim – *Deracheha Shel Masoret Musicalit* (the paths of musical tradition) – I found a transcription of the theme of the Akdamut melody with rhythmic and intense musical development. The composer of the melody is Yehuda ben Eliyahu, in 1744. On the title page of the notebook – that contains other melodies of his – he describes himself as a "musician and cantor" ("musicus und forzanger").

Avnari writes there:

The author of this work considers himself first and foremost a musician. He goes far in his way to the European-style artistic originality of his time. [...] Only the opening motif (tact 1 - 2) is the traditional one; this motif is still used today as a 'reminder' of the festival of Shavuot. [...] The principle of variative repetition, and the only-horizontal spread of the melodic line, is indeed as Eastern as ever. Here, however, the work wraps itself in the style of the environment and the period, the late Baroque style. [...] Like the great non-Jewish artistic songs of the time, this melody also seems to be more appropriate to instrumental performance than to that of the human voice. In spite of all its virtuosity, this art remained a barren mixing of styles. Another sad decline occurred in the early 19th century; but then a different and new cantorial style replaced it, which also demonstrated a greater conscientious responsibility for the purity of Jewish tradition, as well as a greater knowledge of the general art of music.[15]

---

25 Avnari, Chanoch, Neimot Piyyutim – Deracheha shel Masoret Musicalit (The melodies of religious poems – the paths of a musical tradition), The Institute of Jewish Music, Tel Aviv, 1971, pp 21-22.

Summary

This anthology presents a very old custom practiced in "Ashkenaz" – singing Chapter 126 of Psalms after the meals on Shabbat, festivals and other holidays, in different and varied melodies every Shabbat.

The repertoire collected here consists of seventy-one melodies, but probably there are additional melodies I did not obtain.[16]

In this anthology, I endeavored to demonstrate that the melodies were absorbed into singing Shir Hamaalot, Psalms 126, from the songs of the special prayers and religious poems of each festival (as was customary in "Ashkenaz" in general, and in Frankfurt on the Main in particular), from the songs of neighboring Jewish communities and the non-Jewish environment – both in the liturgical (synagogal) and para-liturgical (in the home, and at religious occasions outside the synagogue) spheres.

The anthology points to several techniques that served those in "Ashkenaz" and in Frankfurt on the Main who made the melodies suitable for the purpose of liturgical and para-liturgical activity. These techniques were a kind of transformation of the melodies in general, and the non-Jewish ones in particular, in order to "Judaize" them and make them appropriate to Jewish activity.

The anthology also shows continuity in the sphere of synagogal song and song at the home, even though this music passed from generation to generation as an oral tradition alone, until Fabian Ogutsch arrived and transcribed the most complete repertoire. By others, such as Idleson, Baer, Birnbaum, and Naumburg, there is found musical notation only of part of the tradition, a limited repertoire of the more cantorial pieces, and there is no notation and relating to fine details, as by Ogutsch.

This anthology presents, for the first time, 71 melodies, written in musical notation and harmony to Shir Hamaalot Psalms 126, which is recited on a regular basis before the Grace after meals on Shabbat and

---

26 I have four more melodies in my collection that did not enter the anthology, because the musical notation that I found in the course of gathering material was not precise enough, and it was difficult to reconstruct and decipher the melodies from this notation.

festivals. The melody is changing according to the season of the year. There is a rich repertoire for regular Shabbats, the melody varying for each Shabbat.

The anthology was compiled and written solely and especially for the purpose of keeping the musical tradition of the chapter, in order to preserve it so that it would never be lost.

Shir Hamaalot, Psalms 126, drew melody-makers in Ashkenaz to make it the musical "herald" of a special Shabbat or of a certain festival, as a piece that the musical essense of the relevant wording of the prayers was appropriate to, and concentrated on this chapter alone in the home's para-liturgical activity. The reason for this is the fact that Psalms 126 concluded every meal on Shabbat in the traditional Jew's home, and was always sung, while sometimes the repertoire of Shabbat songs was sometimes skipped over.[17] It is reasonable to assume that this is why Chapter 126 was chosen to bear the heralding tune.

---

27 See Y. Rothschild (note 5 above). Page 100 "In my parents' home – as in the homes of many others – they sang them (ie.,Shabbat songs) only on winter nights, when Shabbat eve extended over longs hours."

Bibliography

Aharon, U, "Melodies to Shir Hamaalot (Psalms 126) of Frankfurt on the Main," Y. S. Rekanati,(ed.) "Lev Shomea, Jubilee Book in Honor of Avigdor Herzog, Duchan, XVI, Jerusalem, Renanot – the Institute of Jewish Music, 5766/2006).

Avnari, Chanoch, Neimot Piyyutim (Melodies of Religious Poetry), The Institute of Jewish Music, Tel Aviv, 1971.

Rothschild, "Zmirot Shabbat Shel Yehudei Drom Germania VeHaMinhagim HaKeshurim Bahem" (Shabbat Songs of the Jews of Southern Germany, and the Customs Connected to Them), Duchan – the Journal of Jewish Music, VII, 5726/1966).

Breuer, M., A Critique, Kiryat Sefer, Volume 54, Jerusalem 1979, p. 583 column 1.

CD "Ulshoneinu Rinah": 32 Traditional Tunes For Shir Hamaalot as sung by Danish Jews throughout the Cycle of the Jewish Year.

Ogutsch F., Der Frankfurter Kantor-Sammlung der Traditionellen Frankfurter Synagogalen Gesange, Frankfurt am Main, J. Kauffmann Verlag, 1930.

J. M. Japhet., Gesange fur den Israelitischen Gottesdienst, Frankfurt am Main, J. Kauffmann Verlag, 1881.

Werner Eric., A Voice Still Heard...; the sacred song of the Ashkenazic Jews, University Park, The Pennsylvania State University, 1976.

Die Hauslichen Shabbatgesange, Gesammelt und Herausgegeben, זמירות שבת von Aron Njadel, im Schocken Verlin, 1937.

Shabbath Songbook, The Harvard Hillel, David R. Godine, Boston, 1992.

Hebrew Hymnal (Kol Rina קול רינה) For School and Home. Edited by Lewis M. Isaacs and Mathilde S. Schechter. London, Broadway House, Ludgate Hill,1910.

זמירות ותפילות ישראל Z'miroth Ut'filoth Yisroel, A Synagogue Hymnal, for Shabbath and Festivals. By Rev. M. Halpern, Boston, Mass, The Boston Music Company, 1915.

מעלות השיר

אורי (אוריאל) אהרן

מעלות השיר

אנתולוגיה של שבעים ואחד ניגונים
ל"שיר המעלות" (תהילים קכ"ו)
כמנהג 'אשכנז' ופפד"מ,
עם בַּרְקוֹד להאזנה, תווים, צורה והרמוניה

מהדורה דו-לשונית: עברית - אנגלית

אורי (אוריאל) אהרן

הוצאת ראובן מס ירושלים

עריכת לשון: ראובן האס
תרגום לאנגלית: שלום משבאום
אולפן הקלטות ומיקסים: "סך הקול סטודיו" - ירושלים
תמונות: יעל עיר שי
יועצת תמונות העטיפה: ד"ר רונית שטיינברג
עימוד ועיצוב גרפי: אלון ספר - דני בטאט

הספר יוצא לאור בסיוע מקהלת "זמרת-יה" ירושלים, בניצוח ד"ר אורי אהרן

הוצאת ראובן מס בע"מ
ת"ד 990, ירושלים 9100901
טל' 02-6277863 פקס 02-6277864
www.rubinmass.co.il rmass@barak.net.il
Rubin Mass Ltd., Publishers and booksellers
POB 990, Jerusalem 9100901, Israel
www.rubinmass.net rmass@barak.net.il

Printed in Israel

לזכרם ולעילוי נשמתם של

אבי מורי משה אהרן (מקס ארון)

אמי מורתי מלכה אהרן (מדי לבית בוכבינדר)

חותני ג'ורג' (יעקב) וייל

אחייני גלעד וייל

זכרונם לברכה

תוכן העניינים

פתח דבר

ב"אשכנז"[1] נהגו מקדמת דנא וכן נוהגים עד היום, להקדים לברכת המזון - בלילות ובצהרי שבתות, ימים טובים ובסעודות מצווה, שלפני מועד מסוים[2] - את פרק קכ"ו בתהילים: "שיר המעלות בשוב ד' את שיבת ציון, היינו כחולמים..." וכו'.[3]

באשכנז התאימו לפרק זה נעימות מ"עניינא דיומא" על-פי הלוח העברי. כך למשל הנעימו בחנוכה את הפרק הנדון בנעימת "מעוז צור", בשבת חזון - על פי נעימת הקינה "אלי ציון ועריה..." (מתוך הקינות לתשעה באב). אחרי קום המדינה - ביום העצמאות - הנעימו את פרק קכ"ו במנגינת "התקווה" ובימים נוראים הנעימו את הפרק הנדון, על פי נעימות פיוטים מיוחדים שנהגו להוסיף בתפילת שחרית ומוסף ב"אשכנז" וכך בשאר ציונים מיוחדים בלוח העברי כמו: "ארבעת השבתות" (שתיים לפני הפורים ושתיים לאחריו), שבת הגדול וכן ימי ספירת העומר.

שירת "שיר המעלות" היא זמרה דתית השייכת לתחום ההזדמנויות הדתיות/מסורתיות שבמסגרת חיי העם מחוץ ל"עשייה" בבית הכנסת. לתחום זה קוראים בחקר המוסיקה היהודית פרה-ליטורגיקה. העניין תואם את תפילת ה"קדיש" שבבית הכנסת, הפותח תפילות (כמו שחרית, מוסף, סליחות...), שנוסח "זמרתו" מרמז על הסולם המוסיקלי של התפילה שעל הפרק. לתחום זה קוראים בחקר המוסיקה היהודית ליטורגיקה, כלומר העשייה הדתית שבבית הכנסת.

---

1 "אשכנז" כולל את גרמניה, אלזס-לורן, בלגיה, הולנד, דנמרק ואנגליה.

2 מועדים מהתורה או מועדים מתולדות עם ישראל כמו חנוכה, פורים ויום העצמאות.

3 בימות החול מנהג הוא לומר את פרק קל"ז בתהלים: "על נהרות בבל שם ישבנו גם בכינו בזכרנו את ציון...", כזכר לחורבן הבית. בימים שאין אומרים בהם תחנון נוהגים לומר פרק ק"ל בתהלים: "שיר המעלות ממעמקים קראתיך ד'". ציטוט מתוך מאמר מאת אורי אהרן בספר "לב שומע", דוכן - מאסף למוסיקה יהודית, ט"ז (תשס"ו), רננות, ירושלים עמ' 296-307.

בדיחה מפרנקפורט שעל נהר מיין (= פפד"מ) - חבוטה משהו - מספרת, ששם נהגו לקרוא לשיר המעלות (קכ"ו) שלפני ברכת המזון - כרמז לסיום הארוחה: "שִׁיר אִיסְט דָּאס מָעַל-אָאוּס" כלומר "שיר שהוא סיום לארוחה".[4]

רוטשילד[5] שמקורותיו בפפד"מ, מציין שלפרק קכ"ו הולחנו והותאמו נעימות רבות ומגוונות לכל ערב או צהרי שבת "מיוחדת", ברפרטואר האשכנזי, אך גם נעימות רבות לכל ערב או צהרי שבת רגילה.

כמי שנמנה על צאצאי יוצאי פפד"מ, אני מבקש להביא 71 נעימות "שיר המעלות" (קכ"ו) שעל צליליהן של רובן גדלתי וחונכתי בבית הורי ז"ל וחלקן נאספו ונוספו על הדרך במשך השנים.

רק עכשיו - ממרומי גילי ה"מופלג" - אני חש געגועים לימים ההם... בבית הורי, שמסורת הנעמת שירי המעלות הייתה כל כך שמרנית ומוקפדת אצלם כמו מנהגי פפד"מ אחרים. כילד נהגתי בזלזול משהו, בהתייחס למנהגים אילו וראיתי בהם עניין גלותי, לא "עכשווי", וחוסר העניין במנהגים "ייקיים" נמשך אל נכון עד לשנים מאוחרות. כאמור, "לפתע פתאום" - נכון לגיל השיבה - חזרתי למקורות רחוקים בעברי ובין השאר לנעימות שירי המעלות שבאנתולוגיה שלפנינו. בשנים האחרונות הצהרתי **להלכה** שברצוני להעלות בתווים, להנציח ולהקליט את נעימות שירי המעלות - שלא יאבדו וייעלמו - ולפרסמם ברבים. בספר הזה שבידכם הגשמתי למעשה את העבודה.

הוספתי דברי הסבר ומקורות קצרים לכל הנעימות לשירי המעלות קכ"ו ללילות וצהרי שבתות ומועדים מיוחדים. לנעימות שירי המעלות קכ"ו לשבתות רגילות, לא הבאתי מקורות מכיוון שפעמים רבות "הולבשו" שירי עם או שירי ילדים מעבר רחוק - בטריטוריית "אשכנז" - בעיקר מהאכסנייה הנוכרית. להתחקות אחר עקבותיהם של נעימות מעבר רחוק כל כך, זו משימה כמעט בלתי אפשרית, מה גם שבשימוש במסורת "אשכנז", "יוהדו" או "גוירו" הנעימות הנוכריות ושונו מהמקור, כמעט לבלי הכר. הנעימות כולן הותאמו לשפה העברית בהיגוי עברי עכשווי, כדי שהחפצים לשיר את הנעימות שבספר יוכלו לסגל את הנעימות בקלות רבה. רק דוגמה אחת נכתבה עם ההיגוי הגרמני/ייקי ה"כבד" כדי להדגים את "צלצול" הנעימה עם המבטא המקורי.

---

4 המילה "שיר" בגרמנית של ימי הביניים פירושה "בקרוב", וצמד המילים -"מעל-אאוס" (= נועל/מסיים) - במבטא אשכנזי מפפד"מ - מצלצל "מעלות" (= מעלוס במבטא "ייקי"). כלומר במשחק המילים וצלצולן במבטא הייקי אשכנזי: "שיר שהוא סיום לארוחה".

5 רוטשילד י, "זמירות שבת של יהודי דרום גרמניה והמנהגים הקשורים בהם", דוכן - מאסף למוסיקה יהודית, ז (תשכ"ו), עמ' 99-104.

בהיותי סטודנט באקדמיה למוסיקה ע"ש רובין בירושלים, עבדתי כחוקר, מקליט מידענים (אינפורמנטים) בקרב עדות ישראל ולבסוף גם מקטלג ארכיון ההקלטות של הפרופ' אדית (אסתר) גרזון-קיוי ז"ל. באחת מהקלטות השדה שערכנו יחד אצל הרב אביגדור אונא ז"ל באיתור נעימות לשיר המעלות קכ"ו בקרב יוצאי "אשכנז", ספקה הפרופ' גרזון-קיוי כפיים ופרצה בצחוק לשמע אחת הנעימות ששר הרב אונא והעירה לאחר שסיים. "...אני מכירה את המנגינה כשיר נעורים גרמני מעבר רחוק עם מילים...שלא כדאי שאתרגם לכם..., ואתם שרים את שיר המעלות על-פיה?"[6] - תשובתי לשאלה זו היום היא, שניגון איננו מקבל טומאה. וכבר כתב עמנואל הרומי[7] בראשית המאה הי"ד במחברותיו, על השאלה ממאגר נוכרי: "מה אומרת המוסיקה היהודית למוסיקה הנוצרית? - 'כִּי-גֻנֹּב גֻּנַּבְתִּי מֵאֶרֶץ הָעִבְרִים', כלומר יש כאן אולי החזרת עטרה ליושנה או "גיור" של חומר נוכרי "מושאל".

כאמור, קבצתי לכאן 71 נעימות, אך ברור שקיימות נעימות נוספות שלא הגעתי אליהן. כך, רשומות אצלי עוד שלוש נעימות (שתי תיבות פותחות בלבד...)[8] שאף אחד מהמידענים - שתרמו לי נגינות לשבעים ואחת הנעימות שבאנתולוגיה זו - לא ידע להמשיך ולהשלים (על סמך התיבות הפותחות) את שלוש הנעימות ה"רשומות" עד סופן.

לכאן נאספו רוב הנעימות ה"קלאסיות" (לחגים ולשבתות סמוכות לחגים וימים טובים) וכן הנעימות המוכרות בטריטוריית "אשכנז" בכלל ומפפד"מ בפרט לשבתות רגילות.

הכוונה באנתולוגיה שלפנינו הייתה, לשמר את הנעימות לשימוש מחודש במבטא "נכון לעכשיו", כדי שלא תאבדנה. במכוון לא הייתה כוונה לשמר את המבטא או לחקות את השירה בהטעמתה האשכנזית לפי מבטאה בטריטוריית "אשכנז".[9]

---

6 ראו למשל את מה שכתבתי על נעימת שיר המעלות לספירת העומר ו"הדמיון" (כביכול?) לנעימה מפורסמת מתוך ה"אופרה" נישואי-פיגרו מאת מוצארט. "לב שומע" דוכן ט"ז הוצאת "רננות" עמ' 297.

7 עמנואל הרומי, מחברות עמנואל, מהדורת א"מ הברמן, תל אביב: מחברות לספרות, תש"ו, עמ' 185.

8 ניכר שהרישומים חובבניים בעליל ושמשו כסימני-עזר לרושמיהם, דומה לרישומים ב"פנקסי חזן" - שהיוו סימני עזר לחזנים 'משכילים' (= יודעי קריאת תווים), שנועדו להזכיר ולעזור להם להנעים את זמרתם ברצף, ללא תקלות, במעברים המוסיקליים השונים והמשתנים בין פרקי התפילה.

9 במילים אחרות, למנוע זלזול בחומר מכובד זה.

כוונה נוספת לעתיד היא, להרמן את שבעים ואחת הנעימות ולהוציאן כאנתולוגיה למקהלה בארבעה קולות. מקהלתי זמרתי-ה נמצאת בעיצומן של חזרות על תכנית עתידית זו.

תודתי לבתי היקרה מעין צפדייה, לד"ר יכין אונא, לד"ר מרדכי נאמן, לד"ר גילה פלם, ליהודה טמיר וליצחק ברטמן, למר גרשון פולק ז"ל (שנתן לי את ספר הזמירות, שממנו הקלטנו את הדוגמה במבטא המקורי ועוד ניחוחות מהולנד/אמסטרדם), לגבריאל קליין, לנחמה יסלזון על הקלטת בה שר אביה המשפטן יעקב בראור ז"ל את שיר המעלות (26 באנתולוגיה) - נעימת אבל הקהילות האשכנזיות, זכר לגזירות שנת תתנ"ו (הנעימה נרשמה והוקלטה עם התוספות), לנחמה שרגאי, לאביגיל צור ולביני ברויאר - על שירי המעלות שהוסיפו לי על הדרך וכן לדניאל ורות רוזנפלדר מלונדון.

לאריה הולצברג, לאורי בריטמן, לאהרן דביר, לעופר שפירא, ליואל שטיינמץ, לברוך שטיינר ולריטה פלדמן (הפסנתרנית הקבועה של מקהלתי זמרתי-ה) וליעקב (קובי) רינגל (מנכ"ל מקהלת זמרתי-ה) - על העזרה בעניינים האינטרנטיים והאדמיניסטרטיביים.

תודתי לאוריין שוקרון המנצח, הפסנתרן, המלחין והמעבד על עצותיו הטובות. לשמואל ברלד חזן וזמר הבריטון מהאופרה הישראלית, שעלה לארץ מפרנקפורט שעל נהר מיין/גרמניה - על שירתו את נעימת שיר המעלות במבטא הייקי לשם הדגמת מקור (מס' 72 באנתולוגיה).

תודה מיוחדת לפסנתרן והזמר אליהו זאבאלי ז"ל על ביצוע (בשירה ונגינה) שבעים ואחת הנעימות שבספר זה. כמו כן, על העבודה המשותפת שלנו בהִרמון הנעימות. אליהו זאבאלי הלך לעולמו בטרם עת, בחוה"מ פסח תש"פ.

תודה למשפחתי היקרה: נטלי רעייתי, מעיין וחן ילדי, עוזי חתנִי וּנכדַי המופלאים: שקד, נדב, רועי, שני וטל המיישמים הלכה למעשה, בכל שבת וחג, את רוב הנעימות הרשומות והמוקלטות באנתולוגיה זו.

מבוא

חמשה עשר הפרקים הפותחים ב"שיר המעלות"[10], ק"כ - קל"ה, בספר תהילים, עוסקים בנושאים שונים, הקשורים בשובם של רוב הגולים מבבל לציון כמו: שיבת ציון, עלייה לרגל, חג ומועד, עבודת המקדש וחיזוק ונחמה בזמנים קשים.

מזמור קכ"ו עוסק בחלקו הראשון, בהשקפתם של גולי בבל שעדיין בגלות ובהכנות לשיבתם ארצה. חלקו השני של המזמור עוסק בתפילה לעתיד ובקשה מאת השם שישיבם ארצה, ותפילה לציון שתשוב מחדש למצבה הטוב מקדמת דנא.

יש אומרים ששמם "שירי המעלות" בא להם מתוך שנתחברו בראשית העלייה (= השיבה) לציון, כפי שמצאנו בעזרא ז, ט: "כִּי בְּאֶחָד לַחֹדֶשׁ הָרִאשׁוֹן הוּא יְסֻד הַמַּעֲלָה מִבָּבֶל, וּבְאֶחָד לַחֹדֶשׁ הַחֲמִישִׁי בָּא אֶל-יְרוּשָׁלַם כְּיַד-אֱלֹהָיו הַטּוֹבָה עָלָיו". כלומר, יש המשערים שנתחברו בימי "יְסֻד המעלה" ומכאן נקראו בשם "מעלות". יְסֻד הַמַּעֲלָה בבחינת התחלת העליה, היסֻד (= התקבצות) התרחש באחד לחודש הראשון הוא חודש ניסן, הווי אומר במועד זה התחילו ההכנות. לא כל השבים עלו יחד לציון, אלא בקבוצות אחדות זו אחרי זו. כנראה עברו למעלה משלושה חודשים מהיום שיצאו ראשוני השבים מבבל לדרך עד שהושלמה העלייה של רוב השבים (כי הרי לא כל הגולים חזרו לציון אלא נשארו בגלות) שהגיעו לירושלים. עזרא הסופר עלה בקבוצה האחרונה, שכן דאג קודם לכן לסדר יציאתן של כל הקבוצות שלפניו, מבבל לציון. אפשר לייחס לפרק קכ"ו - נכון לתקופת השיבה מבבל - את היותו מעין המנון גאולה.

ויש אומרים שהשם "מעלות" בא להם, על-פי ה"וולגטה" (= התרגום החשוב ביותר של כתבי הקודש הנוצריים, הביבליה, ללטינית) משום ששרו אותם הלווים על המעלות (= מדרגות) שעלו מעזרת נשים לעזרת ישראל במקדש, לקול צלילי הליווי של כלי השיר. כמו שמצאנו במשנה מידות ב, ה: "...וחמש עשרה מעלות עולות מתוכה לעזרת ישראל, כנגד חמש עשרה מעלות שבתהלים...".

מזמור קכ"ו שגור בפי העם כפרק המקדים את ברכת המזון בשבת ובימים טובים.

---

10 רק מזמור קכ"א במחזור פרקים זה פותח ב"שיר למעלות" ורש"י מפרש שם, שהכוונה לשירת הלווים בדרך אל המעלות (= המדרגות שעלו מעזרת נשים לעזרת ישראל במקדש).

לא ניתן לקבוע מתי התחילה מסורת זו של נעימה שונה לכל שבת במהלך השנה, אבל ידוע בטריטוריית "אשכנז" שמסורת זו היא וותיקה וארוכת שנים. קהילות "אשכנז" במקומותיהם השונים בטריטוריה, פיתחו מגוון רחב של דיאלקטים רבים לנעימת שלד אחת משותפת. העניין דומה לטביעות אצבע שכל כך דומות אצל בני האדם, אבל אין שני בני אדם עלי אדמות הנושאים טביעת אצבע זהה.

פרק התהילים קכ"ו הוצע כהמנון למדינת ישראל במקום השיר (התקווה) שכתב נפתלי הרץ אימבר. מאז קום המדינה, נהגו קהילות ציוניות דתיות רבות, וכך הנוהג עד היום, לשיר את שיר המעלות תהילים קכ"ו בסיום תפילות יום העצמאות, במנגינת "התקווה" (ראו שיר המעלות 23).

כדי להאזין לשירי המעלות שבאנתולוגיה, יש לסרוק את הברקוד הצמוד לכל עמ' תווים, לפי סדר ההדגמות 1 - 72 שיופיעו על הצג.

פרק קכ"ו

תהילים קכ"ו:

א שִׁיר הַמַּעֲלוֹת:
בְּשׁוּב יְהוָה אֶת-שִׁיבַת צִיּוֹן הָיִינוּ כְּחֹלְמִים.
השבים לציון חווים על בשרם את הגשמת חלומם ותקוותם, שרים בשמחה על השיבה ומתפללים לגאולה שלימה. במילים אחרות, היינו כחולמים, כלומר - לא מאמינים שחלום השיבה מתגשם לעיניהם הלכה למעשה.

ב אָז יִמָּלֵא שְׂחוֹק פִּינוּ וּלְשׁוֹנֵנוּ רִנָּה,
אָז יֹאמְרוּ בַגּוֹיִם הִגְדִּיל יְהוָה לַעֲשׂוֹת עִם-אֵלֶּה.
משנוכחים השבים לציון שחלומם מתגשם לעיניהם, מתמלא פיהם שחוק ולשונם פוצחת בשירה ובזמרה. גם הגויים יודעים להעריך כמה גדולים מעשי השם עם אלה (= השבים לציון).

ג הִגְדִּיל יְהוָה לַעֲשׂוֹת עִמָּנוּ הָיִינוּ שְׂמֵחִים.
מעשי השם הגדולים עם השבים לציון, גורמים לשמחתם.

ד שׁוּבָה יְהוָה אֶת-שְׁבִיתֵנוּ כַּאֲפִיקִים בַּנֶּגֶב.
פסוק זה מביע את תפילתם של השבים, המבקשים שהקב"ה יחזיר עטרה ליושנה, כלומר, יחזיר אותם למצבם הטוב מקדמת דנא. השימוש באפיקי הנגב דווקא, הידועים כנחלי אכזב רוב ימות השנה, נמשל לגלות הדוויה בבבל. אותם אפיקים אכזבים, הזורמים בשצף קצף בזמן של גשם מקומי המזדמן מדי פעם, נמשלים (בתפילתם של השבים לציון) לתפילה בעד חלקי העם שנשארו בבבל או אולי זו תפילתם - בעד עצמם, שיגשימו גם

הם את שיבתם - שישיבם הקב"ה (= את השבים לציון) למצב טוב, כאפיקי הנגב בשעה טובה של זרימה בהם.

ה הַזֹּרְעִים בְּדִמְעָה בְּרִנָּה יִקְצֹרוּ.

שבי ציון מתפללים ומקווים שיראו שכר ברכה בעמלם - כמו האיכר הזורע בדמעה ובוכה מפחד של כשל ביבול העתיד לצמוח, אך בסופו של ענין שמחים מהתוצאה - כמו הקוצר ברינה בראותו כי יבולו עלה יפה ורב הוא.

ו הָלוֹךְ יֵלֵךְ וּבָכֹה - נֹשֵׂא מֶשֶׁךְ-הַזָּרַע,

בֹּא-יָבֹא בְרִנָּה - נֹשֵׂא אֲלֻמֹּתָיו.

הרחבת הרעיון מהפסוק הקודם. כמו האיכר הפוחד וירא לעתיד הזרעים שזרע - במשך זמן ארוך וממושך - עד שיזכה לראות יבול נובט וצומח - כך שבי ציון מפחדים ויראים ממצבם החדש עד שייקלטו ויעברו לשלב של עתיד טוב ובטוח על אדמתם. תפילתם של השבים לציון מסתיימת בתקווה שרק טוב יהיה להם כאיכר הנושא בעת הקציר את אלומותיו.

הפרק נחלק לשני חלקים:

פסוקים א - ג: הודיה להקב"ה על שיבתם מהגלות לציון, ועל השבת הטוב לציון כמקדמת דנא.

פסוקים ד - ו: בקשה מהקב"ה לגאולתם השלימה, ושוב על השבת הטוב לציון מקדמת דנא.

פרק קכ"ו ובחירתו

ספר זה המביא את רפרטואר נעימות "שיר המעלות" (פרק קכ"ו) בקרב יהדות מערב אירופה בכלל ויהדות פרנקפורט שעל נהר מיין בפרט - ידון בחלק המלל - רק על הפרק שבנושא, על צמידותו לברכת המזון ועל עניינים מוסיקליים הקשורים בו בלבד.

המשנה באבות ג, ג מלמדת אותנו שנהוג לומר דברי תורה לפני ברכת המזון. "רבי שמעון אומר: שלושה שאכלו על שולחן אחד ולא אמרו עליו דברי תורה - כאילו אכלו מזבחי מתים, שנאמר (ישעיה כח, ח): 'כי כל-שולחנות מלאו קיא צואה בלי מקום'; אבל שלושה שאכלו על שולחן אחד ואמרו עליו דברי תורה - כאילו אכלו משולחנו של המקום ברוך הוא, שנאמר, (יחזקאל מא, כב): 'וידבר אלי זה השולחן אשר לפני ה'".

הברטנורא בפירושו למשנה שלפנינו כותב: "...ולא אמרו עליו דברי תורה. ובברכת המזון שמברכים על השולחן יוצאין ידי חובתן. וחשוב כאלו אמרו עליו דברי תורה, כך שמעתי".

חולק עליו המשנה ברורה.

מסביר המשנה ברורה באו"ח ק"ע, א: "...ומצוה על כל אדם ללמוד תורה על שלחנו שכל שלחן שלא אמרו עליו דברי תורה כאלו אכלו מזבחי מתים וכתב בשל"ה דלימוד משנה או הלכה או אגדה או ספרי מוסר **ואינו יוצא** במה שמברך ברכת המזון. ועל כל פנים יאמר איזה מזמור וטוב לומר אחר ברכת המוציא מזמור "ה' רועי לא אחסר" (*תהילים כ"ג*) דהוא דברי תורה ותפלה על מזונותיו".

לא ברור מה התכוון המשנה ברורה. האם התכוון לפרק כ"ג בתהילים דווקא - שיהיה תמורה לדברי תורה שצריכים להאמר בסעודתו של אדם - או לפרק תהילים אחד מתוך ק"נ פרקי הספר. על כל פנים, מכאן נובע המנהג לומר פרק תהילים לפני ברכת המזון. פרק תהילים קל"ז: "על-נהרות בבל שם ישבנו גם-בכינו בזכרנו את-ציון...", נבחר להיות הפרק הנאמר לפני הברכה על מנת שיצא אדם חובת דברי תורה על שולחנו בימי החול. פרק זה נבחר כנראה, משום הנוהג במסורת ישראל שבאירועים שמחים זוכרים גם את אבל החורבן. במהלך הפרק מופיע הפסוק "אם-אשכחך ירושלים תשכח ימיני. תדבק לשוני לחכי אם-לא אזכרכי אם-לא אעלה את-ירושלים על ראש שמחתי" - פסוק שאומר החתן ביום שמחתו לפני שבירת הכוס ביום חתונתו. כך גם בשמחת הכניסה לבית חדש, משאירים פיסת קיר קטנה לא מטויחת, זכר לאבל החורבן. בשבתות וימים טובים - שאין נוהגים במסורת ישראל להתאבל בהם - נצרכו לפרק תהילים מחליף, בעל תוכן שמח המתאים לאווירת השבת או החג ואף מזכיר בתוכנו את ירושלים. פרק קכ"ו: "שיר המעלות בשוב ה' את-שיבת ציון..." נבחר כפרק התמורה. סברתי, שפרק קכ"ו נבחר בגלל "...שיבת ציון" (ציון = ירושלים) במגמת שמחה המוזכרת בו, לעומת "...בזכרנו את ציון" במגמת אבל. כלומר, השמחה על חזרתם של רוב גולי בבל לארץ ישראל ועל תחילת בנייתו של בית המקדש השני (כנראה) בפרק קכ"ו, לעומת היותם של גולי בבל על אדמת ניכר וחורבן הבית הראשון בפרק קל"ז.

יש לציין, שהמנהג לומר בימי חול את פרק קל"ז כמקדים לברכת המזון, ננטש על ידי רוב גדול של הציבור מזה זמן רב. אחת הסיבות לכך נובעת, מקיומן של סעודות חגיגיות בהשתתפות המשפחה ואורחים בעיקר בשבתות וימים טובים ופחות מקיומן של אלה בימי חול. מכאן שפרק קכ"ו זכה להאמר פעמים רבות לעומת מזמור קל"ז שננטש כאמור ואף נשתכח על ידי רוב גדול של הציבור.[11]

---

11 ראו "לב שומע" שם כתבתי בהערה מס' 1: בימות החול מנהג הוא לומר את פרק קל"ז בתהילים: "על נהרות בבל...", כזכר לחורבן הבית. בימים שאין אומרים בהם תחנון נוהגים לומר פרק ק"ל בתהילים: "שיר המעלות ממעמקים קראתיך ה' ".

אחינו, יהודי עדות המזרח, נהגו להוסיף - בימים שאומרים בהם תחנון - לפרק קל"ז את פרק תהילים ס"ז. בימים שאין אומרים בהם תחנון נהגו להוסיף - לפרק קכ"ו - את פרק פ"ז וכן את הפסוקים הבאים:

"אֲבָרְכָה אֶת־ה' בְּכָל־עֵת תָּמִיד תְּהִילָּתוֹ בְּפִי. סוֹף דָּבָר הַכֹּל נִשְׁמָע אֶת־הָאֱלֹקִים יְרָא וְאֶת־מִצְוֹתָיו שְׁמוֹר כִּי־זֶה כָּל־הָאָדָם. תְּהִילַּת ה' יְדַבֶּר־פִּי וִיבָרֵךְ כָּל־בָּשָׂר שֵׁם קָדְשׁוֹ לְעוֹלָם וָעֶד. וַאֲנַחְנוּ נְבָרֵךְ יָ־הּ מֵעַתָּה וְעַד־עוֹלָם הַלְלוּיָהּ. וַיְדַבֵּר אֵלַי זֶה הַשֻּׁלְחָן אֲשֶׁר לִפְנֵי ד'".

יהודי מערב אירופה בטריטוריית "אשכנז" נהגו להוסיף לפרק קל"ז את הפסוקים:

תְּהִלַּת יהוה יְדַבֶּר־פִּי,
וִיבָרֵךְ כָּל בָּשָׂר שֵׁם קָדְשׁוֹ לְעוֹלָם וָעֶד.
וַאֲנַחְנוּ נְבָרֵךְ יָהּ,
מֵעַתָּה וְעַד עוֹלָם הַלְלוּיָהּ.
הוֹדוּ לַיהוה כִּי טוֹב,
כִּי לְעוֹלָם חַסְדּוֹ.
מִי יְמַלֵּל גְּבוּרוֹת יהוה,
יַשְׁמִיעַ כָּל תְּהִלָּתוֹ.

הנעימות שבאנתולוגיה חלות אך ורק על ששת הפסוקים של פרק קכ"ו ללא התוספות.

פרק קכ"ו כשירה מקראית (לעניין המוסיקלי)

השירה המקראית המוטעמת,[12] היא דיבור ערוך על-פי משקלי השירה ולפי מדגם צלילי (= מקצב) מוסכם. וידוע[13] שלמקצב שבדיבור התלוותה מנגינה, כי לטקסטים ליטורגיים בתקופות הקדומות הייתה מנגינה תדיר ושירות היו תמיד מזומרות.

תהילים קכ"ו למשל:

א שִׁיר הַמַּעֲלוֹת:
בְּשׁוּב יְהוָה אֶת-שִׁיבַת צִיּוֹן – הָיִינוּ כְּחֹלְמִים.
ב אָז יִמָּלֵא שְׂחוֹק פִּינוּ – וּלְשׁוֹנֵנוּ רִנָּה,
אָז יֹאמְרוּ בַגּוֹיִם – הִגְדִּיל יְהוָה לַעֲשׂוֹת עִם-אֵלֶּה.
ג הִגְדִּיל יְהוָה לַעֲשׂוֹת עִמָּנוּ – הָיִינוּ שְׂמֵחִים.
ד שׁוּבָה יְהוָה אֶת-שְׁבִיתֵנוּ – כַּאֲפִיקִים בַּנֶּגֶב.
ה הַזֹּרְעִים בְּדִמְעָה – בְּרִנָּה יִקְצֹרוּ.
ו הָלוֹךְ יֵלֵךְ וּבָכֹה – נֹשֵׂא מֶשֶׁךְ-הַזָּרַע,
בֹּא-יָבֹא בְרִנָּה – נֹשֵׂא אֲלֻמֹּתָיו.

את פרק קכ"ו אפשר לקרוא בשני אופנים של חלוקת משקלי השירה:

א	משקל משולש:	**1**		**2**		**3**
	פעמות:	2	+	2	+	2
ב	משקל זוגי:	**1**		**2**		
	פעמות:	1 + 2 + 3		1 + 2 + 3		

ניתן לרשום את כל הנעימות שבספר במשקל שש שמיניות. 6 (מספר השמיניות בתיבה) 8 (סימול ערך שמיניות). כלומר, פרק קכ"ו מכיל משקל זוגי וגם אי-זוגי וכל הנעימות, הזוגיות והאי-זוגיות, יכולות להירשם במשקל שש שמיניות. בספר כתבנו גם במשקלי רבעים: 4 רבעים שלושה רבעים ושני רבעים, מכיוון שהנעימות במקורן, טרם "הלבשתן" על פרק קכ"ו, נרשמו כך ולא במשקל שש-שמיניות. הערה זו באה להסביר מדוע שני אופני חלוקת המשקל השירי, הזוגי והאי-זוגי, מתאימים לטקסט של פרק קכ"ו.

---

12 טעמי אמ"ת (איוב, משלי ותהילים).

13 יש תמימות דעים (מעין אקסיומה) בין חוקרי המוסיקה העתיקה, שכל טקסט בעל אופי דתי בדתות העתיקות היה נקרא בנעימה. ראו אורי אהרן. "הקול והטעם", מוסד ביאליק, ירושלים 2015 עמ' 19.

שיר המעלות:

בשוב ה'/ את-שיבת ציון/ היינו כחולמים
אז ימלא/ שחוק פינו/ ולשוננו רינה
אז-יאמרו בגויים/ הגדיל ה'/ לעשות עם-אלה
הגדיל ה'/ לעשות עמנו/ היינו שמחים
שובה ה'/ את שביתנו/ כאפיקים בנגב
הזורעים בדמעה/ ברינה יקצורו
הלוך ילך ובכה/ נושא משך הזרע
בוא יבוא ברינה/ נושא אלומותיו

מבחינים בשלושה היבטים בשירה זו של פרק קכ"ו:

א מבחינת התוכן והסגנון השירה בפרק היא מעין צורה של דיבור נשגב ומרומם. מה שנקרא בספרות poetry (פואמה, שיר, מזמור).
ב מבחינת הצליל והמשקל המדוד השירה היא מעין דיבור קצוב מה שנקרא בספרות verse (שירה מדוקלמת, פסוק).
ג מבחינת המנגינה המלווה את השירה הרי היא מעין מה שנקרא במוסיקה song (שיר, זמר, ניגון).

לכל רישום תווים הוספתי ניתוח צורה כדי שהקורא יוכל להתרשם מהגיוון הרב.

לקט זה של 71 נעימות "שירי המעלות" מטריטוריית "אשכנז" משמר ברישומי תווים ובהקלטות, מסורת ייחודית שאפיינה את יהודי מערב אירופה, שבה החליפו נעימות "שירי המעלות" מידי לילות וצהרי שבת, חג ומועד. באנתולוגיה זו, אפוא, אספתי ותיעדתי את הנעימות שלהלן, לבל תכחד מסורת ייחודית זו מן העולם. הכוונה, כאמור, הייתה לשמר את הנעימות! - כשידוע שקיימים דיאלקטים נוספים לנעימות שרשמתי, בבחינת נושא ווריאציות.[14]

זמירות שבת בטריטוריית "אשכנז" בכלל ופפד"מ בפרט

זמירות השבת הן המזמורים והתשבחות ששרים בהזדמנויות שונות (המתקיימות מחוץ לכותלי בית הכנסת) כמו סעודות השבת או במוצאי השבת

---

14 כפי שקורה ב"מסורת" שבעל פה שעברה מאב לבן ולא נרשמה מעולם. רק מספר קטן של נעימות שיר המעלות קכ"ו נרשמו ואנתולוגיה זו היא הראשונה המציגה 71 נעימות רשומות בתווים בבחינת שימור בכתב של מסורת נעימות מרנינה שהייתה עד עתה מסורת שבעל פה כאמור.

לאחר ההבדלה ובשבתות וימים טובים לפני ברכת המזון בעשייה הפרה-ליטורגית בבית.

את הזמירות תיקנו בעבור המוני עם שלא אמרו דברי תורה בסעודתם ליד השולחן, כדי שיקיימו את "זה השולחן אשר לפני השם", או כמו שמסביר המשנה ברורה (בסי' ק"ע ס"ק א) על פי המשנה באבות שהובאה לעיל:"...ומצוה על כל אדם ללמוד תורה על שלחנו שכל שלחן שלא אמרו עליו דברי תורה כאלו אכלו מזבחי מתים...".

משחרב בית המקדש בטלו זמירות בישראל כפי שכתוב במגילת איכה ה, יד: "זקנים משער שבתו, בחורים מנגינתם". כך, גם בטל השיר משבטלה הסנהדרין כמסופר בבבלי מסכת סוטה ט, יא. אולם בסעודות השבת המשיכו בהקפדה יתירה, לזמר זמירות ולשמוח מדושני עונג, ככתוב במדרש שיר השירים רבה (פרק ח): "... כשישראל אוכלים ושותים ומברכין ומשבחין ומקלסין להקב"ה".

תוכן הזמירות היה מנהגי שבת ודברי אגדה, בבחינת לימוד תורה בסעודה ליד השולחן, כדי להוציאם ידי חובה.

ביהדות "אשכנז" היו הזמירות ענין מקובל ביותר. במרוצת הדורות התגבשו אוספים של זמירות ששרו יהודים בשובם מבית הכנסת בליל שבת - "אנא מלך מלכי המלכים", "שלום עליכם", "אשת חיל מי ימצא" והנוסח הזמרתי של ה"קידוש" - שלפני הארוחה והזמירות הרבות בתוך הארוחה ובסופה, הפכו את סעודת השבת לדבר מכונן. וכן, שירת פרק קכ"ו "שיר המעלות בשוב השם", לפני ברכת המזון. במילים אחרות, סעודת ליל השבת והזמירות - לפניה, בתוכה ולאחריה - הפכו את העניין למופע מרכזי בחיי היהודים ב"אשכנז".

בקרב היהודים האשכנזים נתגבשו שלושה קבצים של זמירות בסידורי התפילה:

1. שמונה פיוטים לליל שבת כמו "כל מקדש שביעי", "מנוחה ושמחה", "מה ידידות", "מה יפית", יום שבת קודש", "י-ה רבון", "צור משלו" ו"יום זה לישראל". במרוצת השנים נוספו "צמאה נפשי" ומזמורים קבליים.

2. שמונה פיוטים ליום השבת כמו "ברוך השם יום יום", ברוך א-ל עליון", "יום זה מכובד", "יום שבתון", "כי אשמרה שבת", "שמרו שבתותי", "דרור יקרא" ו"שבת היום לשם". גם כאן נכנסו במרוצת הזמן מזמורים נוספים.

3. תשעה להבדלה במוצאי שבת כמו "המבדיל", "אליהו הנביא", "במוצאי יום מנוחה", "חדש ששוני", "אגיל ואשמח", "אלוהי-ם יסעדנו", "א-לי חיש גואלי", "אדיר איום ונורא" ו"איש חסיד היה". וגם בקובץ זה נוספו במרוצת הזמן מזמורים נוספים.

תופעות בשולי המחקר

באנתולוגיה הבאתי לכל רישומי התווים של נעימות פרק קכ"ו בתהילים - לשבתות מיוחדות, חגים ומועדים כפי ששרו בבית הורי - את נעימות המקור, שבהן הנעימו ב"אשכנז" ופפד"מ פיוטים מיוחדים בהתאם לשבת, לחג או המועד שעל הפרק ושהושאלו משם להנעמת שיר המעלות התואם.

ברישומי התווים לנעימות פרק קכ"ו בתהילים לשבתות "רגילות" לא הוספתי את נעימת המקור, כיוון שהנעימות, שרובן נלקחו מנעימות הסביבה הנוכרית עברו אי-אילו שינויים בשלב ה"גיור" או ה"ייהוד", בהתאמתן להנעים באמצעותן את פרק קכ"ו. המלודיה שונתה משהו וכן הריתמוס. כך שמנעימת יסוד אחת נוצרו דיאלקטים שונים של שימוש בנעימה בהעברה לפסוקים של פרק קכ"ו בתהילים.

להמחשת הקושי העליתי בכתב שלוש תופעות (= התרחשויות שניתן "לראותן" תוך "התעסקות" עם החומר), שחוקר ניצב בפניהם בשעה שהוא מנסה להתחקות אחר מקורותיהן של נעימות.

1. תופעה ראשונה: "גלגולו" של ניגון.

2. תופעה שנייה: "סיפורו" של ניגון.

3. תופעה שלישית "שינוי" של ניגון. (כלומר, אימוץ חלק מנעימה - נוכרית בד"כ - ופיתוחה בסגנון שונה ואחר, במטרה לסגל את הפיתוח ולהתאימו לרוח המסורת היהודית).

1. גלגולו של ניגון

בספר HEBREW HYMNAL (קול רינה) משנת 1910 מצאתי את הרישום הבא:

15. SHIR HAMA-A-LOS.

(BEFORE GRACE.)

Andante.
1. Shir.... ha - ma - a - los be - shuv A - do - noy
2. Oz..... yi - mo - le se - chok.. pi - nu..
es shi - vas tsi - yon ho - yi - nu ke - cho - le - mim.
ul - le - sho - ne - nu ri - - - noh.......

3. Oz yo-me-ru va-go-yim hig-dil A-do-noy la-a-sos im-e-leh
4. Hig-dil A-do-noy la-a-sos im-monu ho-yi-nu se-me-chim.
5. Shu-voh A-do-noy es she-vi-se-nu ka-a-fi-kim ba-ne-gev.
6. Ha-zor-im be-dim-oh be-ri-noh yik-tso-ru.
7. Ho-loch ye-lech u-vo-choh no-se me-shech ha-zo-ra.
8. Bo-yo-vo ve-ri-noh no-se a-lu-mo-sov.

שִׁיר הַמַּעֲלוֹת. בְּשׁוּב יְיָ אֶת־שִׁיבַת צִיּוֹן הָיִינוּ כְּחֹלְמִים: אָז יִמָּלֵא
שְׂחֹק פִּינוּ וּלְשׁוֹנֵנוּ רִנָּה. אָז יֹאמְרוּ בַגּוֹיִם הִגְדִּיל יְיָ לַעֲשׂוֹת עִם־אֵלֶּה:
הִגְדִּיל יְיָ לַעֲשׂוֹת עִמָּנוּ הָיִינוּ שְׂמֵחִים: שׁוּבָה יְיָ אֶת־שְׁבִיתֵנוּ כַּאֲפִיקִים
בַּנֶּגֶב: הַזֹּרְעִים בְּדִמְעָה בְּרִנָּה יִקְצֹרוּ: הָלוֹךְ יֵלֵךְ וּבָכֹה נֹשֵׂא מֶשֶׁךְ־
הַזָּרַע בֹּא־יָבֹא בְרִנָּה נֹשֵׂא אֲלֻמֹּתָיו:

When the Lord turned again the captivity of Zion, we were like unto them that dream. Then was our mouth filled with laughter, and our tongue with exultation: then said they among the nations, The Lord hath done great things for them. The Lord hath done great things for us; whereat we rejoiced. Bring back our captivity, O Lord, as the streams in the south. They that sow in tears shall reap in joy. Though he goeth on his way weeping, bearing the store of seed, he shall come back with joy, bearing his sheaves.

(34)

ובספר זמירות ותפילות ישראל משנת 1915 נמצא הרישום הבא:

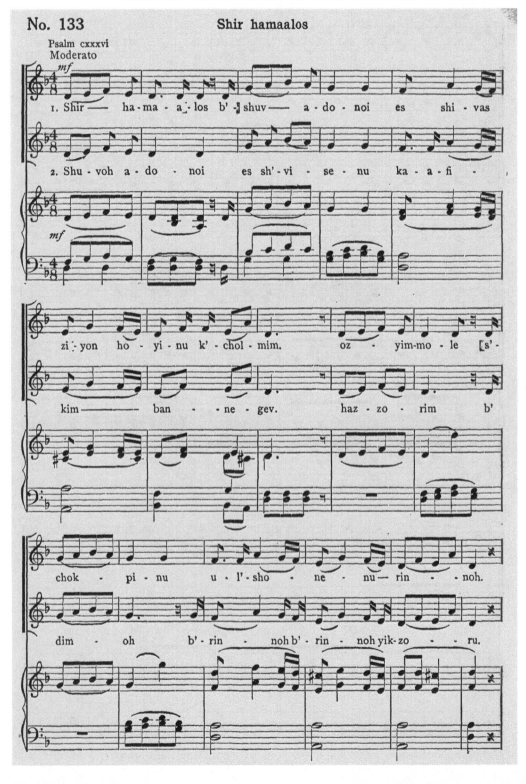

f
oz yo - m' - ru oz yom' - ru vag - go - yim hig - dil —— a -
ho - loch ye - lech u - - - vo - cho no - se —
f
do - noi la - a sos im [e - leh hig - dil —— a - do - noi
me-shech ha - zo - - - ra bo - - - yo - vo v'-
f
la - a - sos im - mo - nu ho - ji - nu —— s' - me - chim.
rin - - - noh no - se —— a - lum - mo - sov.
f

2. סיפורו של ניגון

נעימת שיר המעלות קכ"ו לימי ספירת העומר,[15] נשמעת מרנינה, משעשעת
וריקודית משהו. במילים אחרות, האווירה השמחה שמשרה הנעימה, תואמת
היטב את עונת האביב, את תקופת הקציר ואת חג השבועות החותם את ימי
הספירה. אלא, שאירועים עצובים שפקדו את עם ישראל - בתקופה זו שבין חג
הפסח לבין חג השבועות - כשבעים שנה לאחר חורבן בית שני כמו כישלון
מרד בר-כוכבא ולאחר מכן מותם של עשרים וארבעה אלף תלמידיו של רבי
עקיבא במגיפה, הפכו את שלושים ושלושה ימי הספירה הראשונים לימי אבל.
כך, שהנעימה המרנינה, המשעשעת והריקודית איננה תואמת את אווירת
הימים הללו. יתירה מזו, הסיפור המלווה את הנעימה לימי ספירת העומר מעיד
על המקובל אצל יוצאי פפד"מ למשל, שהנעימה לקוחה מתוך אריָה ששר
פיגארו באופרה "נישואי פיגארו" מאת מוצארט.

נעימה זו שימשה ומשמשת - נכון לעכשיו - גם את נעימת הפיוט "לכה
דודי" בשבתות ימי ספירת העומר בתחום הליטורגי בבית הכנסת, בשמרנות
עיקשת. כך גם, בשבתות ספירת העומר בתחום הפרה-ליטורגי בהזדמנויות
בעלות נופך דתי, מחוץ לבית הכנסת. ברוויאר,[16] מעיד על פאביין אוגוטש,
שרשם בדייקנות רבה את המסורת המוסיקלית של קהילת פרנקפורט
העתיקה. אוגוטש,[17] כותב בהערה לתווים שרשם לפיוט "לכה דודי" לימי
ספירת העומר: "חוץ מימי הספירה ושלושת השבועות (תקופת בין המצרים)
אפשר לשיר "לכה דודי" בכל מנגינה שרוצים". ורנר,[18] המתייחס לפרק קכ"ו,

---

15 ברצוני לציין כאן שכבר התייחסתי לנושא זה במאמר פרומו למחקרי בעניין
נעימות לשיר המעלות קכ"ו. במאמר, התייחסתי לנעימת ספירת העומר ולנעימות
שלוש(ה) רגלים, סה"כ עסקתי במאמר הנדון ב-4 נעימות מתוך 71 לשיר המעלות
קכ"ו שבמחקר. ראו:
אהרן א', "נעימות ל'שיר המעלות' (תהלים קכ"ו) בקרב יוצאי פרנקפורט שעל נהר
מיין", י"ש רקנטי (עורך), לב שומע: ספר היובל לאביגדור הרצוג, דוכן, טז,
ירושלים: רננות - המכון למוסיקה יהודית, תשס"ו, עמ' 296-307.
16 ברוויאר מ', "ביקורת על ספרו של אריק ורנר A Voice Still Heard...", קריית ספר,
נד (תשל"ט), עמ' 576-584.
Ogutsch Fabian, Der Frankfurter Kantor-Sammlung der traditionellen 17
Frankfurter Synagogalen Gesange, Nr. 42. J. Kauffmann Verlag, Frankfurt
am Main 1930. p. 17.
Werner Eric, A Voice Still heard...; the sacred song of the Ashkenazic 18
Jews, University Park, The Pennsylvania State University 1976. P. 141.

מציין: "...הנעימות הפופולריות היהודיות והלא-יהודיות הותאמו לפרק קכ"ו [...] נעימות קליטות אחרות נלקחו מאופרות ואופרטות...".

שלמה הד,[19] המספר את עלילת האופרה "נישואי פיגארו", מתאר בראשית המערכה הראשונה שם מופיעה הנעימה הכביכול דומה: "פיגארו מודד את החדר המיועד להיות חדר מגוריו של הזוג החדש. סוזנה מודדת את בגדי הכלה. היא מספרת לפיגארו, שהרוזן הקצה להם את החדר הזה דווקא משום שהוא נמצא בקרבת חדר השינה של הרוזן, וכל זאת משום שלרוזן כוונות כלפיה. הדבר בא כהפתעה לפיגארו. הוא כועס, אך בדרכו הערמומית כבר רוקם מזימות, והוא שר אריית התרסה משעשעת כלפי הרוזן: 'Se Vuol Ballarel' ('אם ברצונך לרקוד, אדוני הרוזנון, אני אספק לך את הליווי')".

השאלה העולה כאן היא, כיצד תפסה נעימת אופרת העגבים "נישואי פיגארו" מקום - בליטורגיה של בית הכנסת ("לכה דודי") או מקום בפרה-ליטורגיה של זמירות שבת בסעודת ליל השבת בבית ("שיר המעלות תהלים קכ"ו") - ברפרטואר המוסיקלי של פפד"מ?

השורה החשובה לענייננו היא שירתו של Figaro ובהמשך (עמ' 2) Fig:

19 שלמה הד, **אופרה - סיפורן של 120 האופרות הגדולות**, דביר 1991. עמ' 28.

3. Cavatina

W. A. Mozart

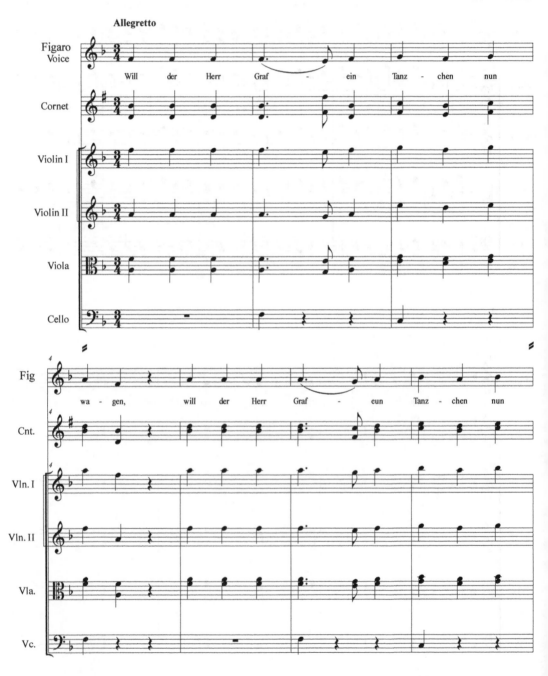

8
Fig
wa-gen, mag-er's mir sa-gen, ich spiel ihm auf, mag er's mir sa - gen, ich spiel' ihm auf, ja, ich spiel' ihm
Cnt.
Vln. I
Vln. II
Vla.
Vc.
18
Fig
auf, ja, ich spiel' ihm auf
Cnt.
Vln. I
Vln. II
Vla.
Vc.

כך רשם פאביין אוגוטש את הנעימה:

Bemerkung: לְכָה דוֹדִי wird, mit Ausnahme der עֹמֶר-Zeit (zwischen ר"ח אִיָּר und שָׁבֻעוֹת)
und בֵּין הַמְּצָרִים („drei Wochen"), in beliebiger Melodie gesungen.
Nr. 42 לְכָה דוֹדִי (לִסְפִירָה)
L'-choh dau-di lik-ras kal-loh p'-në schab-bos n'kab- -b'loh.
L'-choh dau-di lik-ras kal-loh p'në schab-bos n'-kab- -b'loh.
Scho-maur w'so-chaur b'dib-bur-e-chod hisch-mi o-nu Ël ham-m'ju-chod, Adau-
noj e-chod u-sch'mau e-chod l'-schëm u-l'ssif-e-res w'lis-hil-loh.
L'-choh-dau-di lik-ras kal-loh p'-në schab-bos n'-kab- -b'loh.

כך רשמתי אני את הנעימה שלימדוני בבית הורי:

Shir Hamaalot 24 שיר המעלות

לימי ספירת העומר

For Sefirat Haomer days

Shir Hamaalot   24   שיר המעלות

בהשוואות בין הנעימות שרשם אוגוטש או הנעימה שרשמתי אני לבין זו
הרשומה לתפקיד פיגארו, ניווכח בעליל שאין הנעימות דומות כלל וכלל, מלבד
המשקל (= שלושה רבעים) ומהלך הסקוונצה (= מעקובת[20]) לאורכן של
שלוש תיבות בלבד.

וורנר מציין מספר טכניקות של "לקיחה" מוסיקלית מן הסביבה
הנוכרית לצורך הרפרטואר המוסיקלי של הקהילה לתחום הליטורגי או
הפרה-ליטורגי:

"Zersingen (expanding melodies far beyond their original scope)
and variation. Both these techniques had to conform to the sense
of the Hebrew text and to its liturgical function. The Practices of
Zersingen and variations, common to folk song of all nations, are
noteworthy in the transition from folk song to art music

_____

20 סקוונצה (= מעקובת) – שורת חזרות של תבנית מוסיקלית על דרגות עוקבות
בסולם.

(ascending culture) and even more so in the vulgarization of an art song (descending culture). They appear either as pretexts for repetition of a melodic line or as occasions for coloratura flourishes. A favorite method of variation is the frequent use of sequences; they dominate entire sections of minhag ashkenaz."[21]

אם-כן, מצאנו כאמור, שהנעימה שבנדון והאריָה מתוך האופרה של מוצארט תואמים בשלוש תיבות ועולה השאלה מי קדם למי?

כך כתבתי במאמר פרומו למחקר שלפנינו: "ייתכן שיש כאן חיקוי מכוון, אך ייתכן גם צירוף מקרים בלבד. חזרות על מוטיב קיים בטכניקת המעקובת יכולות להזכיר שימוש דומה ביצירות אחרות. כאמור, אם קיים דמיון כלשהו בין נעימת "לכה דודי" או "שיר המעלות" של ימי ספירת העומר לבין "נישואי פיגארו", הוא קיים במשקל ובמוטיב המורכב משלושה צלילים החוזרים בטכניקת המעקובת. על כל פנים, בתודעתם של יוצאי קהילת פרנקפורט וקהילות אשכנז רבות הייתה ותישאר הנעימה המדוברת - נעימה מן האופרה של מוצארט, הגם שמדובר בשתי נעימות שונות, מלבד שלוש התיבות הנזכרות."[22]

עוד חשובה לעניין זה הערתו של וורנר:

Before the corrupting influence of Italian opera became dominant' the technique of cantorial ornamentation served as a formative stimulus toward the gradual "modernization" of the synagogal melos. The favorite vocal ornaments of the old cantors were. In general, modest periheletic ornaments: trills, patterns of changing and neighboring nots, plus the dearly beloved chains of sequences, which in the older manuscripts are kept within moderate limits."[23]

---

21 וורנר (לעיל הערה 18), עמ' 25.

22 אהרן (לעיל הערה 15), עמ' 300.

23 וורנר (לעיל הערה 18), עמ' 104.

3. שינוי של ניגון

אוגוטש רשם תחת לתווים של נעימת שיר המעלות לשבועות, תפילות נוספות
שהנעימו באמצעותה כמו "הודו לד' כי טוב, כי לעולם חסדו" ו-"אנא ד'
הושיעה נא" מתוך ההלל. "ברכת הכהנים" בעלותם לדוכן והפיוט "אקדמות"
הנאמר לפני קריאת התורה בחג השבועות.

כך רשם פאביין אוגוטש את הנעימה והוסיף הערות לביצוע:

בבית הורי שרו את הנעימה כפי שרשמתי כאן:

Shir Hamaalot 27 שיר המעלות

לשבועות
For Shavuot

במחקרו של אבנארי אודות נעימות ופיוטים: "דרכיה של מסורת מוסיקלית" – מצאתי רישום של נושא נעימת "אקדמות" עם פיתוח מוסיקלי מקצבי ומואץ. מחברה של הנעימה הוא יהודה בן אליהו בשנת 1744. בשער המחברת - המכילה נעימות נוספות שלו - הוא מכנה את עצמו "מוסיקאי וחזן" ("מוזיקוס אונד פורזנגר").

אבנארי כותב שם:

"מחברה של יצירה זו חש עצמו בראש ובראשונה כ'מוזיקוס'. הוא מרחיק לכת בדרכו אל המקוריות האמנותית נוסח אירופה בת זמנו. [...] רק מוטיב האתחלתא (טקט 1 - 2) הוא המסורתי; מוטיב זה משמש עד היום כ'תזכורת' לחג השבועות. [...] עקרון החזרה הואריאטיבית, וההתפשטות האפקית-גרידא של הקו המלודי, הם אמנם מזרחיים כתמיד. אולם כאן מתעטפת היצירה באצטלא של סגנון הסביבה והתקופה, הסגנון הברוקי המאוחר. [...] בדומה לשירה האמנותית הנכרית של אותה התקופה, נראית גם נעימה זו לפרקים מתאימה יותר לביצוע כלי מאשר לקול אדם. על אף כל הוירטואוזיות שלה נשארה אמנות זו שעטנז עקר של סגנונות. שקיעה מעציבה נוספת חלה בה בראשית המאה ה-19; אך לאחר מכן ירש את מקומה סגנון חזני שונה וחדש אשר הפגין גם יתר אחריות מצפונית לטוהר המסורת היהודית וגם יתר ידע במוסיקה האמנותית הכללית."[24]

---

24 אבנארי חנוך, **נעימות פיוטים - דרכיה של מסורת מוסיקלית,** מכון למוסיקה ישראלית, תל אביב 1971. עמ' 21–22.

סיכום

אנתולוגיה זו מנציחה מנהג וותיק שנהג ב"אשכנז" - כשירת פרק קכ"ו בתהילים בתום ארוחות לילות וצהרי שבת, חג ומועד - בנעימות שונות ומגוונות מידי שבת.

הרפרטואר שנאסף כאן כולל שבעים ואחת נעימות אבל כנראה שקיימות נעימות נוספות אליהן לא הגעתי.[25]

ניסיתי להראות באנתולוגיה זו שנעימות נקלטו לשירת שיר המעלות קכ"ו מזמרת התפילות והפיוטים המיוחדים לכל חג (כנהוג ב"אשכנז" בכלל ובפפד"מ בפרט), מזמרת קהילות יהודיות שכנות ומהסביבה הנוכרית - הן בתחום הליטורגי (בבית הכנסת) והן בתחום הפרה-ליטורגי (בבית ובהזדמנויות דתיות שמחוץ לבית הכנסת).

האנתלוגיה מצביעה על מספר טכניקות ששימשו את מכשירי הנעימות, ב"אשכנז" ובפפד"מ, לצורך העשייה הליטורגית והפרה-ליטורגית. היה בטכניקות אלה מעין עשיית שינוי בנעימות בכלל ובנעימות נוכריות בפרט, כדי ל"ייהד" אותן ולהכשירן לצורך העשייה היהודית.

כן מראה האנתולוגיה המשכיות בתחום שירת בית הכנסת ובתחום השירה הביתית על אף שמוסיקה זו עברה מדור לדור כתורה שבע"פ, עד שבא פאביין אוגוטש ורשם את הרפרטואר היותר מושלם. אצל אחרים כמו אידלסון, בר, בירנבאום ונאמבורג נמצאים רישומי תווים של חלקי מסורת, רפרטואר מצומצם לפרקים היותר חזניים, ואין רישומים והתייחסויות לפרטים הקטנים כפי שעשה זאת אוגוטש.

אנתולוגיה זו מביאה לראשונה 71 נעימות רשומות בתווים ובהרמוניה לשיר המעלות תהילים קכ"ו, הנאמר דרך קבע לפני ברכת המזון בלילות וצהרי שבת וחג, כשהנעימה משתנה בהתאם לתקופות השנה. לשבתות רגילות היה רפרטואר עשיר, כשהנעימה התחלפה לה בכל שבת.

האנתולוגיה נאספה ונכתבה אך ורק ובמיוחד לצורך שמירת המסורת המוסיקלית להנעמת הפרק, כדי לשמר אותה שלא תאבד לעולם.

---

25 יש לי באוסף עוד ארבע נעימות שלא נכנסו לאנתולוגיה מפני שהרישומים בתווים שמצאתי בעבודת האיסוף, אינם מדויקים דיים, וקשה היה לשחזר ולפענח את הנעימות מרישומים אלה.

"שיר המעלות", תהילים קכ"ו, משך את מכשירי הנעימות באשכנז להיות "מבשר" מוסיקלי של שבת מיוחדת או חג מסוים, כפרק שה"עניינא דיומא" המוסיקלי של הנוסח הרלוונטי התאים לו והתרכז דווקא בו בעשייה הפרה-ליטורגית הביתית. הסיבה לכך היא היותו של פרק קכ"ו מסיים כל סעודה בבית היהודי המסורתי ומושר תמיד, בעוד שעל רפרטואר הזמירות האחרות דילגו לפעמים.[26] סביר להניח שלכן נבחר פרק זה לשאת את הלחן המבשר.

26 ראו י. רוטשילד, (לעיל הערה 5), עמ' 100: "בבית הורי - כמו בבתים רבים אחרים - שרו אותם רק בלילות שבת של החורף, באשר שעות ליל השבת היו ארוכות וממושכות".

ביבליוגרפיה

אהרן א', "נעימות ל'שיר המעלות' (תהלים קכ"ו) בקרב יוצאי פרנקפורט שעל
נהר מיין", י"ש רקנטי (עורך), לב שומע: ספר היובל לאביגדור הרצוג, דוכן, טז,
ירושלים: רננות - המכון למוסיקה יהודית, תשס"ו, עמ' 296 - 307.

אבנארי ח', נעימות פיוטים - דרכיה של מסורת מוסיקלית, מכון למוסיקה
ישראלית, תל אביב 1971. עמ' 21 - 22.

רוטשילד י', "זמירות שבת של יהודי דרום גרמניה והמנהגים הקשורים בהם",
דוכן - מאסף למוסיקה יהודית, ז (תשכ"ו), עמ' 99 - 104.

ברויאר מרדכי, ביקורת, קריית ספר, כרך נ"ד, ירושלים תשל"ט, עמ' 583
עמודה 1.

תקליטור "ולשוננו רינה"
ULSHONEINU RINAH 32 Traditional Tunes For Shir Hamaalot as sung
by Danish Jews Throughout The Cycle of the Jewish Year.

Ogutsch F., Der Frankfurter Kantor-Sammlung der traditionellen
Frankfurter Synagogalen Gesange, Frankfurt am Main: J. Kauffmann
Verlag, 1930.

J. M. Japhet., Gesange fur den israelitischen Gottesdienst, Frankfurt a.
M.: J. Kauffmann Verlag, 1881.

Werner Eric., A voice still heard...; the sacred song of the Ashkenazic
Jews, University Park, The Pennsylvania State University 1976.

DIE HAUSLICHEN SABBATGESANGE, GESAMMELT UND HERAUSGEGEBEN,
זמירות שבת von ARON NJADEL, IM SCHOCKEN VERLIN, 1937.

Sabbath Songbook, The Harvard Hillel. David R. Godine, Publisher,
Boston, 1992.

HEBREW HYMNAL (קול רינה) For School and Home. Edited by LEWIS
M. Isaacs and Mathilde S. Schechter. London' Broadway House, Ludgate
Hill' 1910.

זמירות ותפילות ישראל, Z'MIROTH UT'FILOTH YISROEL, A Synagogue
Hymnal, for Shabbath and Festivals. By Rev. Rev. M. HALPERN.
Boston, MASS. The Boston Music Company, 1915.

ניתוח צורה:

Form Analysis:

(4 x) A-א

28 - 25 a-א	20 - 17 a-א	12 - 9 a-א	4 - 1 a-א
32 - 29 b-ב	24 - 21 b-ב	16 - 13 b-ב	8 - 5 b-ב

Bars:	32	תיבות:
Scale: minor harmonic		סולם: מינור הרמוני
Time: binary measure		משקל: זוגי

על פי נעימת "יגדל" לראש השנה כפי שרשם פאביין אוגוטש.

According to "Yigdal" melody for Rosh Hashana like Fabian Ogutsch wrote.

Fällt עֶרֶב רֹאשׁ הַשָּׁנָה auf Freitag, so singt man חֲצִי קַדִּישׁ von יִתְבָּרַךְ ab בְּנִגּוּן שַׁבָּת, ebenso auch nach der תְּפִלָּה das וַיְכֻלּוּ und בִּרְכַּת מֵעֵין שֶׁבַע. — Es folgen קַדִּישׁ תִּתְקַבַּל im נִגּוּן חוֹל und קִדּוּשׁ (ohne סְלִיח) בְּנִגּוּן יו״ט (Nr. 104).

Nach עָלֵינוּ folgt meistens יִגְדַּל (wenn auch nicht nach מִנְהַג פְרַנְקְפּוּרט).

Nr. 165 יִגְדַּל

Shir Hamaalot 1　שיר המעלות

נעימה א לראש השנה
Rosh Hashana melody a

ניתוח צורה:

Form Analysis

B-ב	A-א
18 - 17 a-א	2 - 1 a-א
20 - 19 b-ב	4 - 3 b-ב
24 - 21 c-ג	8 - 5 c-ג
(2x) 28 - 25 b-ב	(2x)12 - 9 b-ב
32 - 29 c-ג	16 - 13 c-ג

Bars:	32	תיבות:
Scale: major		סולם: מז'ור
Time: binary measure		משקל: זוגי

Shir Hamaalot 2 שיר המעלות

נעימה ב לראש השנה

Rosh Hashana melody b

Shir ha-ma-a-lot be-shuv A-do-nay et shi-vat tsi-yon ha-yi-nu ke-chol-mim

az yi-ma-le sechok pi-nu ul-sho-ne-nu ri-na

az yom-ru va-go-yim hig-dil A-do-nay la-a-sot im e-le hig-

dik A-do-nay la-a-sot i-ma-nu ha-yi-nu se-me-chim

shu-va A-do-nay et she-vi-te-nu ka-a-fi-kim ba-ne-gev

ha-zor-im be-dim-a be-ri-na yik-tso-ru

ha-loch ye-lech u-va-cho no-se me-shech ha-za-ra

bo ya-vo be-ri-na no-se a-lu-mo-tav

ניתוח צורה:

Form Analysus

א-A 1 - 8	ב-B 9 - 20	ב-B 21 - 32
א-a 1 - 2	ג-c 9 - 10	ג-c 21 - 22
ב-b 3 - 4	ב-b (x2) 11 - 14	ב-b (x2) 23 - 26
א-a 5 - 6	ד-d 15 - 18	ד-d 27 - 30
ב-b 7 - 8	ב-b 19 - 20	ב-b 31 - 32

Bars:	32	תיבות:
Scale: minor		סולם: מינור
Time: binary measure		משקל: זוגי

Shir Hamaalot 3 שיר המעלות

נעימה ג לראש השנה

Rosh Hashana melody c

ניתוח צורה:
Form Analysis:

B-ב	A-א
20 - 17 c - ג	4 - 1 a - א
24 - 21 b - ב	8 - 5 b - ב
28 - 25 c - ג	12 - 9 a - א
32 - 29 b - ב	16 - 13 b - ב

Bars:	32	תיבות:
Scale: Major		סולם: מז'ור
Time: binary measure		משקל: זוגי

בנעימה זו שרים הצמים את שיר המעלות בסיום הסעודה המפסקת.
כמו כן, מורשי אכילה: יולדות, קשישים, חולים, ילדים וכו.

In this melody, fasting people sing "Shir Hamaalot" at the end of the "dinner break".
Also, Eating Authorities: Maternity, the elderly, the sick, children, etc.

Shir Hamaalot 4 שיר המעלות

נעימת הפיוט "ואביתה תהילה" במוסף ליום כיפור

The Piut "Veavita Tehila" tune for Yom Kipur

ניתוח צורה:

Form Analysis:

B-ב	A-א
20 - 17 a-א	4 - 1 a-א
24 - 21 b-ב	8 - 5 b-ב
28 - 25 c-ג	12 - 9 c-ג
32 - 29 d-ד	16 - 13 d-ד

Bars: 32 :תיבות

סולם: מודוס מיקסולידי

Scale: Mixolydian Mode

Time: binary measure משקל: זוגי

נעימת נענועי הלולב כפי שרשם פאביין אוגוטש.

The tune of the Lulav's trembling as Fabian Ogutsch wrote.

Nr. 144 הוֹדוּ וְאָנָּא (לְנַעֲנוּעִים)

Nach dieser Melodie werden die Strophen vorschriftsmäßig verteilt.

Bemerkung: Bei den Worten לַיְיָ כִּי טוֹב, sowie bei יְיָ in אָנָּא wird nicht „geschüttelt". Die Verse אָנָּא יְיָ הַצְלִיחָה werden ohne נִעֲנוּעִים wie folgt gesungen:

Shir Hamaalot 5 שיר המעלות

לסוכות
For Sucot

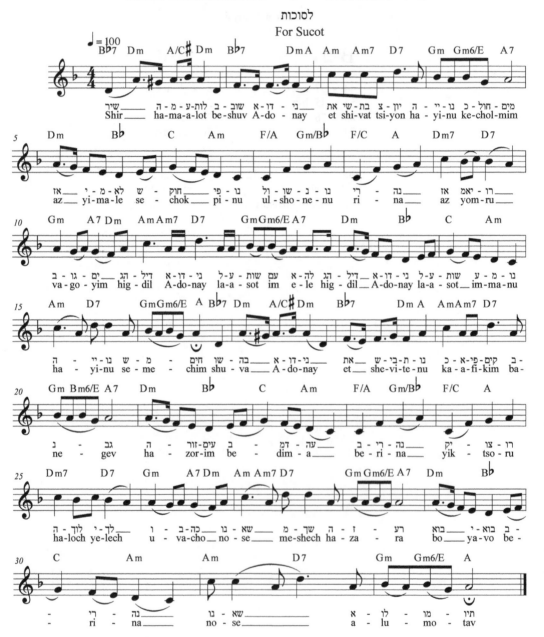

ניתוח צורה:

Form Analysis:

<table>
<tr><td>

B-ב
</td><td>

A-א
</td></tr>
<tr><td>

א-a 37 - 44
ב-b 45 - 55
ג-c 56 - 65
ד-d 66 - 72
</td><td>

א-a 1 - 8
ב-b 9 - 21
ג-c 22 - 29
ד-d 30 - 36
</td></tr>
</table>

Bars:	72	תיבות:
Scale: major		סולם: מז' ור
Time: binary measure		משקל: זוגי

Shir Hamaalot 6 שיר המעלות

נעימה ב לסוכות

For Sucot melody b

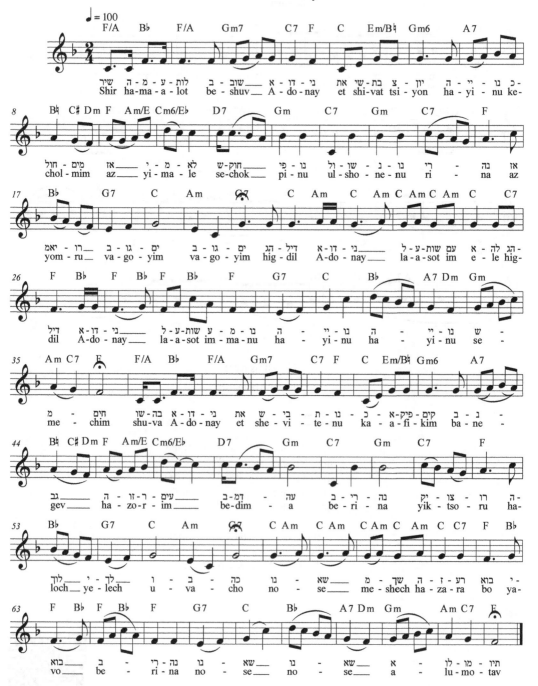

ניתוח צורה:

Form Analysis:

B-ב	A-א
א-a 33 - 36	א-a 1 - 4
א'-a' 37 - 40	א'-a' 5 - 8
ב-b 41 - 48	ב-b 9 - 16
ג-c 42 - 56	ג-c 17 - 24
ב-b 57 - 64	ב-b 25 - 32

Bars: 64   תיבות

Scale: ma   סולם: מז' ור

Time: binary measure   משקל: זוגי

Shir Hamaalot 7 שיר המעלות

לסוכות בקהילות "אשכנז" (הולנד ודנמרק)

For Sucot in some "Ashkenaz" communities (Holand & Denemark)

ניתוח צורה:

Forn Analysis:

B-ב	A-א
21 - 18 a-א	4 - 1 a-א
25 - 22 b-ב	8 - 5 b-ב
29 - 26 c-ג	12 - 9 c-ג
34 - 30 d-ד	17 - 13 d-ד

Bars: 34   תיבות:
Scale: major   סולם: מז' ור
                              משקל: $\frac{6}{8}$ זוגי ואי-זוגי
Time: $\frac{6}{8}$ binary and ternary measure

Shir Hamaalot 8 שיר המעלות

לשמיני עצרת על פי נעימת הפיוט "על הכל"

For "Shemini Atseret" according to the piut "Al Hakol" melody

ניתוח צורה:

Form Analysis:

A-א (4x)

28 - 25 a-א	20 - 17 a-א	12 - 9 a-א	4 - 1 a-א
32 - 29 b-ב	24 - 21 b-ב	16 - 13 b-ב	8 - 5 b-ב

Bars: 32   תיבות:

Scale: major   סולם: מז' ור

Time: binary measure   משקל: זוגי

Shir Hamaalot 9 שיר המעלות

לשמיני עצרת בקהילות "אשכנז" (הולנד ודנמרק) נעימה ב

For "Shemini Atsert" in some "Ashkenaz" communities (Holand & Denemark) melody b

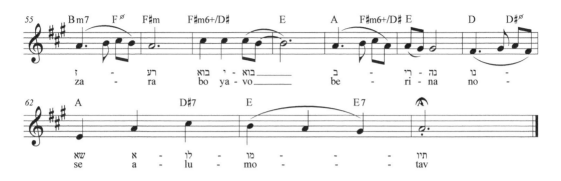

ניתוח צורה:

Form Analysis:

B-ב	A-א
36 - 33 a-א	4 - 1 a-א
40 - 37 a-א	8 - 5 a-א
48 - 41 b-ב	16 - 9 b-ב
52 - 49 a-א	20 - 17 a-א
56 - 53 a-א	24 - 21 a-א
64 - 57 b-ב	32 - 25 b-ב

Bars:	64	תיבות:
Scale: major		סולם: מז' ור
Time: ternary measure		משקל: אי-זוגי

.Fabi

According to the Piut "Agil Vesmach" as Fabian Ogutsch wrote.

Nr. 161 אָגִיל

Hierauf erhält der Vorbeter das dritte סֵפֶר und singt יְהַלְלוּ in נגון י״ג (Nr. 202). Dann werden die סְפָרִים zum הֵיכָל getragen. Die weiteren Gebete wie sonst am יו״ט. סֵדֶר הוֹכן wie oben.

Shir Hamaalot 10 שיר המעלות

לשמחת תורה

For Simchat Tora

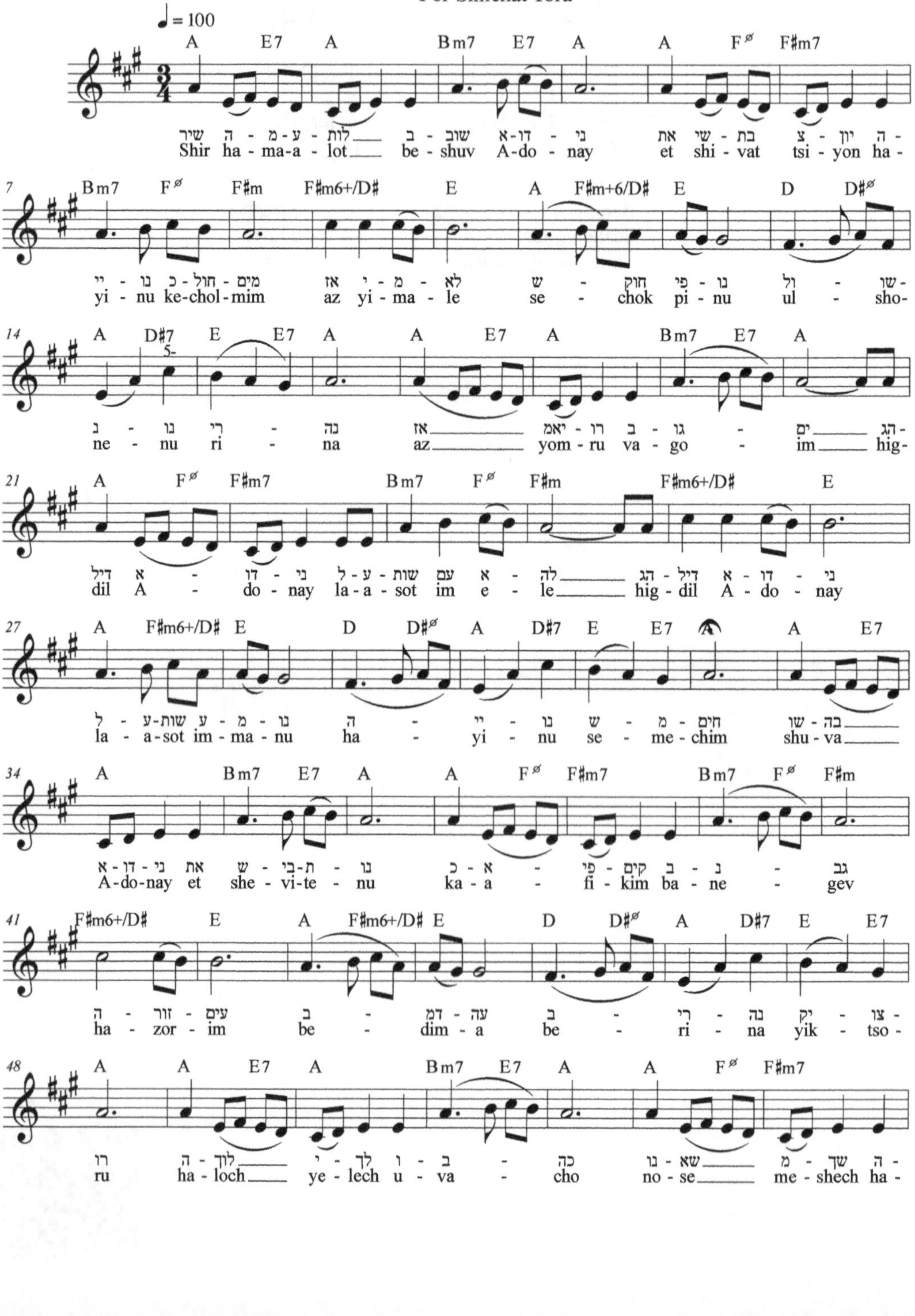

ניתוח צורה:

Form Analysis:

B-ב	A-א
20 - 17 a-(2x)-א	4 - 1 a-(2x)-א
24 - 21	8 - 5
28 - 25 b-(2x)-ב	12 - 9 b-(2x)-ב
32 - 29	16 - 13

Bars: 32   תיבות:

Scale: minor   סולם: מינור

Time: binary measure   משקל: זוגי

Shir Hamaalot 11 שיר המעלות

לשמחת תורה נעימה ב

For Simchat Tora melody b

ניתוח צורה:
Forn Analysis:

B-ב	A-א
20 - 17 a-א	4 - 1 a-א
24 - 21 b-ב	8 - 5 b-ב
28 - 25 c-ג	12 - 9 c-ג
32 - 29 d-ד	16 - 13 d-ד

Bars:	32	תיבות:
Scale: major		סולם: מז' ור
Time: binary measure		משקל: זוגי

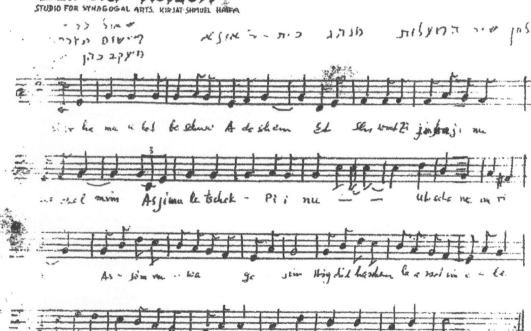

Shir Hamaalot 12 שיר המעלות

לשמיני עצרת בחו"ל ע"פ נעימת תפילת גשם או טל

For Shemini Atseret abroad according to "Tfilat Geshem" or "Tefilat Tal"

ניתוח צורה:

Form Analysis:

B-ב	A-א
20 - 17 a-א	4 - 1 a-א
24 - 21 b-ב	8 - 5 b-ב
28 - 25 c-ג	12 - 9 c-ג
32 - 29 d-ד	16 - 13 d-ד

Bars: 32 תיבות:
Scale: major סולם: מז' ור
Time: binary measure משקל: זוגי

על פי הנעימה המסורתית ל"מעוז צור". הפתיחה תואמת נעימת "המנון נוצרי" וכן נעימת פיוט יהודי "שני זיתים".
According to the traditional melody of "Maoz Tsur". The first bar corresponds to a Christian "Hymn" as well as a Jewish poetry "Sheney Zetim" (=Two Olives").

השוואת נעימת "שני זיתים" לנעימה היהודית
Comparing the melody of "Two Olives" to the Jewish melody

הדוגמאות מתוך מאמרו של חנוך אבנארי: "נעימת 'מעוז צור' -חידושים בתולדותיה.

Shir Hamaalot 13 שיר המעלות

לחנוכה

For Chanuka

♩ = 100

Shir ha-ma-a-lot be-shuv A-do-nay et shi-vat tsi-yon ha - yi-nu ke-chol-mim

az yi-ma-le se-chok pi-nu ul-sho-ne-nu___ ri - na

az yom-ru va-go-yim hig-dil A-do-nay la-a-sot___ im e-le hig-

dil A-do-nay la-a-sot i-ma-nu ha - yi-nu se-me - chim shu-

va A-do-nay et she-vi-te-nu ka-a-fi-kim ba - ne - gev

ha-zor-im be-dim - a be-ri - na___ yik-tso-ru ha-

loch ye-lech___ u-va-cho no-se me-shech ha-za - ra

bo ya-vo be-ri - na no - se a-lu-mo-tav

ניתוח צורה:

Form Analysis:

B-ב	A-א
20 - 17 a-א	4 - 1 a-א
24 - 21 b-ב	8 - 5 b-ב
28 - 25 c-ג	12 - 9 c-ג
32 - 29 d-ד	16 - 13 d-ד

bars:	32	תיבות:
Scale: najor		סולם: מז' ור
Time: binary measurs		משקל: זוגי

Shir Hamaalot 14 שיר המעלות

לחנוכה נעימה ב
For Chanuka melody b

ניתוח צורה:

Form Analysis:

B-ב	A-א
36 - 33 a-א	4 - 1 a-א
40 - 37 b-ב	8 - 5 b-ב
44 - 41 c-ג	12 - 9 c-ג
48 - 45 d-ד	16 - 13 d-ד
52 - 49 e-ה	20 - 17 e-ה
56 - 53 f-ו	24 - 21 f-ו
60 - 57 g-ז	28 - 25 g-ז
64 - 61 h-ח	32 - 29 h-ח

Bars: 64 תיבות :

Scale: major סולם: מז' ור

Time: binary measure משקל: זוגי

Shir Hamaalot 15 שיר המעלות

לחנוכה נעימה ג

For Chanuka melody c

ניתוח צורה:

Form Analysis:

A-א

4 - 1 a-(2x)-א
8 - 5
10 - 9 b-(2x)-ב
12 - 11
16 - 13 c - ג

B-ב

20 - 17 a-(2x)-א
24 - 21
26 - 25 b-(2x)-ב
28 - 27
32 - 29 c - ג

Bars:	32	תיבות:
Scale: major		סולם: מז' ור
Time: binary measure		משקל: זוגי

Shir Hamaalot 16 שיר המעלות

לחנוכה על-פי לחן גרמני

For Chanuka according to German melody

ניתוח צורה:

Form Analysis:

א-A	ב-B
א-a 1 - 4	א-a 17 - 20
ב-b 5 - 8	ב-b 21 - 24
ג-c 9 - 12	ג-c 25 - 28
ד-d 13 - 16	ד-d 29 - 32

Bars:	32	תיבות:
Scale: major		סולם: מז' ור
Time: binary measu		משקל: זוגי

Shir Hamaalot 17 שיר המעלות

לשבת "זכור" על-פי נעימת "שושנת יעקב"

For Shabbat "Zachor" according to "Shoshanat Yaakov" melody

ניתוח צורה:

Form Analysis:

(4x) A-א

28 - 25 a-א	20 - 17 a-א	12 - 9 a-א	4 - 1 a-א
32 - 29 b-ב	24 - 21 b-ב	16 - 13 b-ב	8 - 5 b-ב

Bars: 32   תיבות:
Scale: major.   סולם: מז' ור
Time: $\frac{6}{8}$ binary measur and   משקל: $\frac{6}{8}$ זוגי עם
       ternary measure time.   מפעם
       אי-זוגי

על-פי נעימת "שושנת יעקב" בפרנקפורט שעל נהר מיין

According to the "Shoshanat Yaakov" in Frankfurt

Shir Hamaalot 18 שיר המעלות

לפורים

For Purim

♩. = 50

C7 | F | F/A C7 F | F/A | Bb D7 | Gm C7 | F

שיר ‏ ה - מ - ע - לות ‏ ב - שוב ‏ א - דו - ני ‏ את ‏ שי - בת ‏ צ - יון ‏ ה - יי - נו ‏ כ - חול - מים
Shir ha-ma-a-lot be-shuv A-do-nay et shi-vat tsi-yon ha-yi-nu ke-chol-mim

5 Dm | Bb F | Dm6/B A7 Dm | Gm | G7 | C

אז ‏ י - מ - לא ‏ ש - חוק ‏ פי - נו ‏ ול - שו - נ - נו ‏ רי - נה
az yi-ma-le se-chok pi-nu ul-sho-ne-nu ri-na

9 C7 | F | F/A C7 F | F/A | Bb D7 | Gm C7 F

אז ‏ לה - ע - שות עם ‏ א - דו - ני ‏ הג - דיל ‏ א - ם גו - ב ‏ יא - מ - רו
az yo-m-ru va-go-im hig-dil A-do-nay la-a-sot im e-le

13 Dm | Bb F | Dm6/B A7 Dm | Gm | G7 | C

הג - דיל ‏ א - דו - ני ‏ ל - ע - שות ‏ ע - מ - נו ‏ ה - יי - נו ‏ ש - מ - חים
hig-dil A-do-nay la-a-sot i-ma-nu ha-yi-nu se-me-chim

17 C7 | F | F/A C7 F | F/A | Bb D7 | Gm C7 | F

גב ‏ נ - ב ‏ קים - פי - א - כ - נו ‏ ka-a - פי - תי - בי - ת ‏ את ‏ ש - בי - ני ‏ א - דו - ני ‏ שו - בה
shu-va A-do-nay et she-vi-te-nu ka-a-fi-kim ba-ne-gev

21 Dm | Bb F | Dm6/B A7 Dm | Gm | G7 | C

ה - זור - עים ‏ ב - דמ - ע - ה ‏ ב - רי - נה ‏ יק - צו - רו
ha-zor-im be-dim-a be-ri-na yik-tso-ru

25 C7 | F | F/A C7 F | F/A | Bb D7 | Gm C7 | F

ה - לו - י ‏ י - לך ‏ ו - בכה - ב ‏ נו - שא ‏ מ - שך ‏ ה - ז - רע
ha-loch ye-lech u-va-cho no-se me-shech ha-za-ra

29 Dm | Bb F | Dm6/B A7 Dm | Gm | G7 | C

בוא ‏ י - בוא ‏ ב - רי - נה ‏ נו - שא ‏ א - לו - מו - תיו
bo ya-vo be-ri-na no-se a-lu-mo-tav

ניתוח צורה:

Form Analysis:

(4x) A-א

28 - 25 a-א	20 - 17 a-א	12 - 9 a-א	4 - 1 a-א
32 - 29 b-ב	24 - 21 b-ב	16 - 13 b-ב	8 - 5 b-ב

Bars: 32   תיבות:
Scale: major   סולם: מז' ור
Time: binary measure   משקל: זוגי

על פי נעימת הפיוט "אור פניך עלינו" כפי ששרים בשבת פרשת "שקלים" ובשבת פרשת "החודש" בתפילת המוסף.

According to the Piut "Or Panecha Aleynu", as is singing on Shabbat parashat "Shekalim" and Shabbat "Hach" in the "Musaf" prayer.

נעימת "אור פניך עלינו" כפי שרשם Fabian Ogutsch

"Or Panecha Aleynu" as recorded Fabian Ogutsch

Nr. 86   Schluß Melodie

Aur po-ne-cho o lë-nu o-daun n' sso w' sche — kel
es-so b' wa-jis no-chaun w'-nis-so u-w'ze-dek he geh ë-rech ki
ssis-so bo-ra-chë-nu w' scho-laum Ël rom w'nis-so, bo-ruch at-toh A-
dau—noj, ham-wo-rëch es am-mau jiss-ro-ël basch-scho—laum.

Shir Hamaalot 19 שיר המעלות

לפרשות "שקלים" ו"החודש"

For Shabbat "Shekalim" & "Hachodesh"

ניתוח צורה:
Form Analysis:

ב-B	א-A
א-a 17 - 20	א-a 1 - 4
ב-b 21 - 24	ב-b 5 - 8
ג-c 25 - 28	ג-c 9 - 12
ד-d 29 - 32	ד-d 13 - 16

Bars:	32	תיבות:
Scale: major		סולם: מז' ור
Time: binary measure		משקל: זוגי

נעימת "הודו", "אנא ד'", ו"יברכך" (ברכת כהנים על הדוכן) כפי שרשם Fabian ogutsch

יְבָרֶכְךָ usw. singen Vorbeter und Priester an den zwei ersten פֶּסַח-Tagen in der Melodie des הוֹדוּ (Nr. 124).

Nr. 124 הוֹדוּ, אָנָּא und יְבָרֶכְךָ (דוכן)

Shir Hamaalot 20 שיר המעלות

לפסח

For Pesach

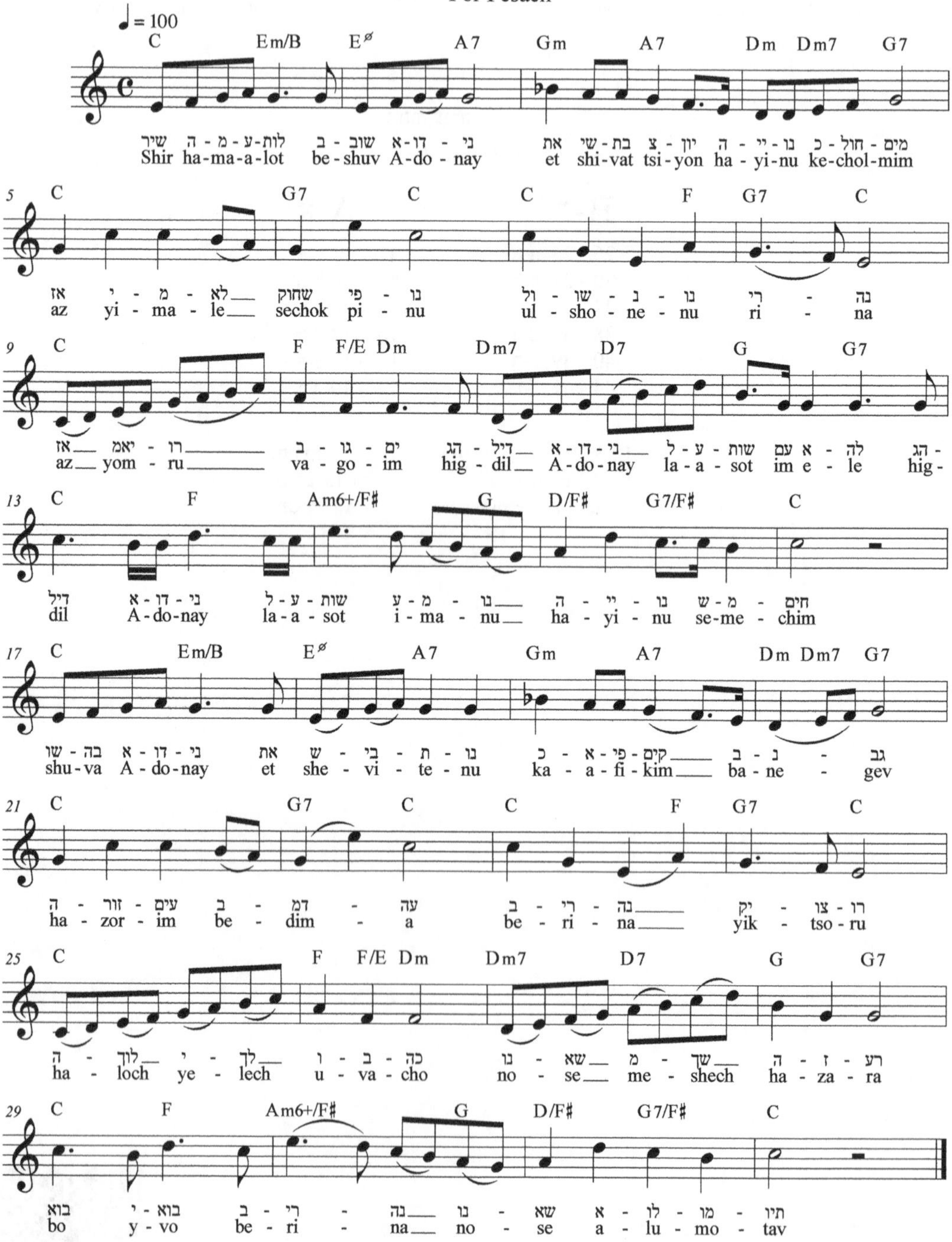

ri - na no - se a - lu - mo - tav

ניתוח צורה:

Form Analysis:

B-ב	A-א
26 - 23 a-א	4 - 1 a-א
30 - 27 b-ב	8 - 5 b-ב
34 - 31 c-ג	12 - 9 c-ג
38 - 35 d-ד	16 - 13 d-ד
40 - 39 e-ה	18 - 17 e-ה
44 - 41 f-ו	22 - 19 f-ו

Bars:	44	תיבות:
Scale: major		סולם: מז' ור
Time: binary measure		משקל: זוגי

Shir Hamaalot 21 שיר המעלות

לפסח נעימה ב

For Pesach melody b

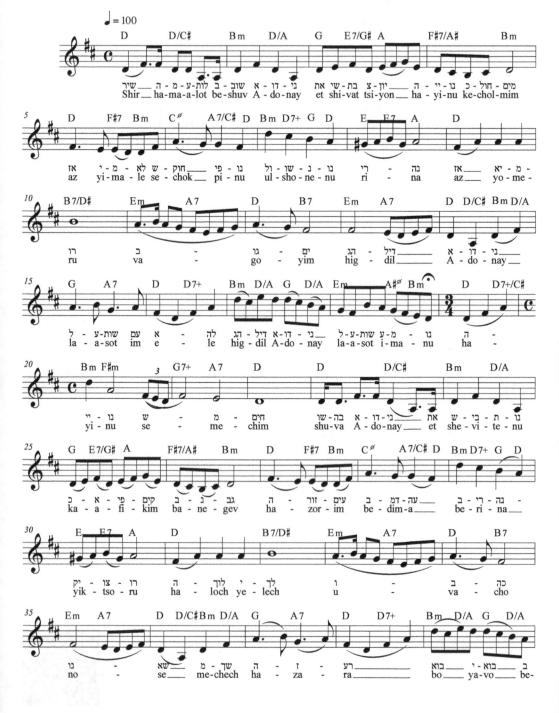

ניתוח צורה:

Form Analysis:

A-א	B-ב	A-א
4 - 1 a-א	20 - 17 b-ב	28 - 25 a-א
8 - 5 a'-'א	24 - 21 b'-'ב	32 - 29 a'-'א
12 - 9 a-א		
16 - 13 a'-'א		

Bars:	32	תיבות:
Scale: major		סולם: מז' ור
Time: binary		משקל: זוגי

Shir Hamaalot 22 שיר המעלות

לשבת "שירה" ול"שביעי" של פסח

For Shabbat "Shira" & "Sheviee" of Pesach

ניתוח צורה:
Form Analysis:

B-ב	A-א
24 - 17 a(2x)א	8 - 1 a(2x)א
28 - 25 b(2x)ב	12 - 9 b(2x)ב
32 - 29 c-ג	16 - 13 c-ג

Bars: 32   תיבות:
Scale: minor   סולם: מינור
Time: binary   משקל: זוגי

Shir Hamaalot 23 שיר המעלות

ליום העצמאות על פי נעימת "התקווה"

For Yom Haatsmaut according to "Hatikva" melody

ניתוח צורה:
Form Analysis:

ד-E	ג-C	ב-B	א-A
א-a 73 - 80	א-a 49 - 56	א-a 25 - 32	א-a 1 - 8
ב-b 81 - 88	ב-b 57 - 64	ב-b 33 - 40	ב-b 9 - 16
ג-c 89 - 96	ג-c 65 - 72	ג-c 41 - 48	ג-c 17 - 24

Bars: 96 תיבות:
Scale: major סולם: מז' ור
Time: ternary measure משקל: אי-זוגי

כך רשם Fabian Ogutsch את הנעימה ל"לכה דודי" ולשיר המעלות לימי ספירת העומר.

This is how Fabian Ogutsch recorded the melody to

"Lecha Dody" and Shir Hamaalot for the days of count of Omer.

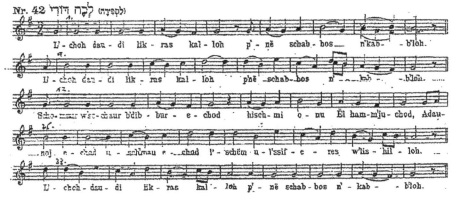

שיר המעלות 24 Shir Hamaalot

לימי ספירת העומר

For Sefirat Haomer days

ניתוח צורה:
Form Analysis:

B-ב	A-א
42 - 36 a-א	7 - 1 a-א
54 - 43 b-ב	19 - 8 b-ב
62 - 55 c-ג	27 - 20 c-ג
70 - 63 d-ד	35 - 28 d-ד

Bars: 70   תיבות:
Scale: major   סולם: מז'ור
Time: There is a transition   משקל: זוגי, יש
          to the minor and   מעבר למינור
          back to the major.   וחזרה למז' ור.
Interesting melody but   נעימה מעניינת אך מוזרה
strangely pleasing: מבחינה: מלודית, צורנית
melodic, formal and   והרמונית.
harmonious.

Shir Hamaalot 25 שיר המעלות

לימי ספירת העומר נעימה ב

For Sefirat Haomer days melody b

⁴¹

Eb · Gm · Cm · Cm6 · Eb · D · Gm6+ · D7 · Eb · G7

- גבו __ לל - מ - י - מי דו - חס דם לע - ל - כי כי __ טוב כי __ נ - דו - ל(א) דו
du l(a)-do-nay ___ ki tov ki le-o - lam chas - do mi ye-ma-lel gevu-

⁴⁶

Cm · Cm6 · Gm · D · Eb · D7 · Gm

רות א - דו - ני __ יש - מי - ע כל תו - ל - הי - ת
rot A - do - nay ___ yash - mi - a kol te-hi-la-to

ניתוח צורה:

Form Analysus:

A-א

8 - 1	a-א
16 - 9	b-ב
24 - 17	c-ג
32 - 25	d-ד
40 - 33	a-א
48 - 41	b-ב

Bars: 48 תיבות:

Scale: minor סולם: מינור

משקל: זוגי ואי-זוגי בו זמנית

Time: binary and ternary measure simultaneously

בשיר המעלות 26 הוספתי את הפסוקים:

תהילת אדוני ידבר פי ויברך כל בשר שם קודשו לעולם ועד

ואנחנו נברך י-ה מעתה ועד עולם הללוי-ה

הודו לאדוני כי טוב כי לעולם חסדו

מי ימלל גבורת אדוני ישמיע כל תהילתו

In Shir Hamaalot 26 I added the verses:

Tehilat Adonay yedaber pi vivarech kol basar shem kodesho leolam vaed

Vaanachnu nevarech yah meata vead olam haleluya

Hodu l(a)donay ki tov ki leolam chasdo

Mi yemalel gevurot Adonay yashmia kol tehilato

לזכר הגזירות של שנת תתנ"ו (1096) שכללו טבח המוני של יהודים ע"י נוצרים.
הימים היו ימי מסע הצלב הראשון באירופה והתרחשו בעיקר בקהילות שו"ם
שפיראה, וורמיזא ומאגנצא.

In memory of the decrees of 1096 which included mass massacre of Jews by Christians.
The days were the first crusade in Europe and occurred mainly in communities of Shum
Shepira Vermayza and Magentsa.

Shir Hamaalot 26 שיר המעלות

אבלות הקהילות האשכנזיות לשבת שלפני חג השבועות

The Mourning of the "Ashkenaz" Communities Shabbat before "Shavuot"

ניתוח צורה:

Form Analysis:

B-ב	A-א
22 - 18 a-א	5 - 1 a-א
26 - 23 b-ב	9 - 6 b-ב
30 - 27 c-ג	13 - 10 c-ג
34 - 31 d-ד	17 - 14 d-ד

Bars:	34	תיבות:
Scale: major		סולם: מז' ור
Time: binary measure		משקל: זוגי

Fabian Ogutsch נעימת "אקדמות" כפי שרשם

The melody of "Akdamut" as Fabian Ogutsch recorded.

Nr. 142 הודו

Ebenso אָנָּא und in gleicher Melodie הֲדַר הוּקָן, sowie die ersten und letzten Verse des in der Thoravorlesung einzuschaltenden אַקְדָמוּת. — Die übrigen Melodien wie am פֶּסַח. Am zweiten Tage (מַתְּנַת יָד) wie am achten פֶּסַח-Tage. Vor מְגִלַּת רוּת siehe Nr. 132—134.

Shir Hamaalot 27 שיר המעלות

לשבועות

For Shavuot

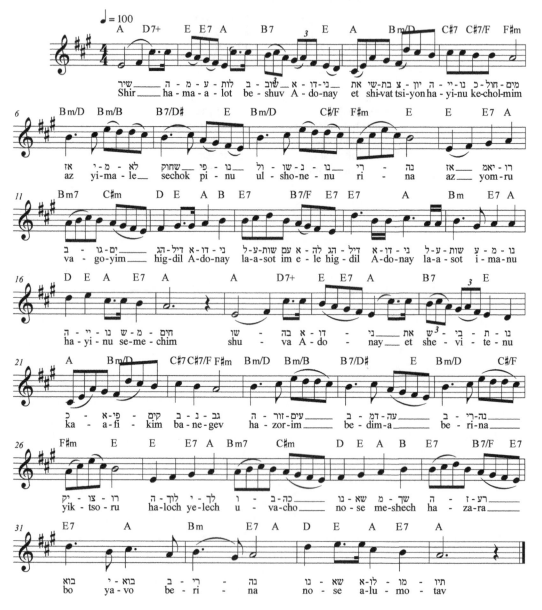

ניתוח צורה:
Form Analysis:

B-ב	A-א
22 - 17 ה-e	5 - 1 a-א
26 - 23 b-ב	8 - 5 b-ב
30 - 27 c-ג	12 - 9 c-ג
34 - 31 d-ד	16 - 13 d-ד

Bars:	34	תיבות:
Scale: major		סולם: מז' ור
Time: binary, ternary		משקל: זוגי, אי-זוגי
and others		ואחרים
alternating		המתחלפים
intermittently.		לסירוגין.

Shir Hamaalot 28 שיר המעלות

לשבועות נעימה ב

For Shavuot melody b

ניתוח צורה:

Form Analysis:

B-ב		A-א	
a-א	21 - 18	a-א	4 - 1
b-ב	25 - 22	b-ב	8 - 5
c-ג	29 - 26	c-ג	12 - 9
d-ד	34 - 30	d-ד	17 - 13

Bars:	34	תיבות:
Scale: major		סולם: מז' ור
Tume: binary measure		משקל: זוגי

Shir Hamaalot 29 שיר המעלות

לחג השבועות על פי נעימת "ברכת הכהנים" לחג בהולנד ובדנמרק

For Shavuot according to "Bircat Kohanim" melody in Holand & Denemark

לו	-	-	-	מו	-	תיו
lu	-	-	-	mo	-	tav

ניתוח צורה:

Form Analysis:

א (4x)

56 - 49 א	40 - 33 א	24 - 17 א	8 - 1 א
64 - 57 ב	48 - 41 ב	32 - 25 ב	16 - 9 ב

Bars:	64	תיבות:
Scale: minor		סולם: מינור
Time: ternary measure		משקל: אי-זוגי

Shir Hamaalot 30 שיר המעלות

לימי בין המיצרים

For "Bein Hametsarim" days

♩ = 120

| Gm | D7 | Gm | D | Eb | Bb | Gm | Bb |

שיר ha-ma-a-lot be-shuv A-do-nay et shi-vat tsi-yon ha-

| D7 | Gm | Bb | Cm | C#ø | D | Eb | Cm7 |

yi-nu ke-chol-mim az yi-ma-le se-chok pi-nu ul-sho-ne-nu

| D7 | Gm | Gm | D7 | Gm | D | Eb | Bb | Gm | Bb |

ri-na az yom-ru va-go-yim hig-dil A-do-nay la-a-

| D7 | Gm | Bb | Cm | C#ø | D | Eb | Cm7 |

sot im e-le hig-dil A-do-nay la-a-sot i-mnu ha-yi-nu

| D7 | Gm | Gm | D7 | Gm | D | Eb | Bb | Gm | Bb |

se-me-chim shu-va A-do-nay et she-vi-te-nu ka-a-fi-kim ba-

| D7 | Gm | Bb | Cm | C#ø | D | Eb | Cm7 |

ne-gev ha-zo-re-im be-dim-a be-ri-na

| D7 | Gm | Gm | D7 | Gm | D | Eb | Bb | Gm | Bb |

yik-tso-ru ha-loch ye-lech u-va-cho no-se me-shech

| D7 | Gm | Bb | Cm | C#ø | D | Eb | Cm |

ha-za-ra bo-ya-vo be-ri-na no-se a-

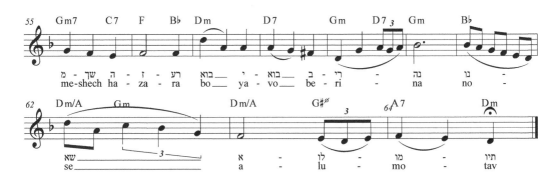

ניתוח צורה:

Form Analysis:

B-ב	A-א
40 - 33 a-א	8 - 1 a-א
48 - 41 b-ב	16 - 9 b-ב
56 - 49 c-ג	24 - 17 c-ג
64 - 57 d-ד	32 - 25 d-ד

Bars:	64	תיבות:
Scale: minor		סולם: מינור
Time: ternary measure		משקל: אי-זוגי

Shir Hamaalot 31 שיר המעלות

For "Bein Hametsarim" days melody b   לימי בין המצרים נעימה ב

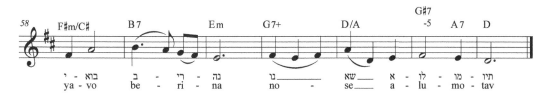

י - בוא ב - רי - נה נו___ שא___ א - לו - מו - תיו
ya - vo be - ri - na no - se___ a - lu - mo - tav

ניתוח צורה:
Form Analysis:

A-א	B-ב
8 - 1 a'-א'	40 - 33 d-ד
16 - 9 b-ב	48 - 41 e-ה
24 - 17 c-ג	56 - 49 c-ג
32 - 25 c-ג	64 - 57 c-ג

Bars:	64	תיבות:
Scale: major		סולם: מז' ור
Time: binary measure		משקל: זוגי

Shir Hamaalot 32 שיר המעלות

לשלושת השבועות בקהילות הולנד ודנמרק

For the "Three weeks" in Holand & Denemark communities

ניתוח צורה:
Form Analysis:

B-ב	A-א
א-a 33 - 40	א-a 1 - 8
א-a 41 - 48	א-a 9 - 16
ב-b 49 - 56	ב-b 17 - 24
ב-b 57 - 64	ב-b 25 - 32

Bars:	64	תיבות:
Scale: minor		סולם: מינור
Time: binary measure		משקל: זוגי

בנעימה זו לכל המשפטים המוסיקליים 8 תיבות. 4 התיבות האחרונות, בכל המשפטים הנ"ל זהות.
All the musical phrases in this melody have 8 bars. The 4 last bars in each phrases are the same.

Shir Hamaalot 33 שיר המעלות

לחודש אלול - סליחות על פי הפיוט "מרן דיבשמיא"

For Elul mounth according to "Maran Dibishemaya" melody from the "Selichot"

ניתוח צורה:
Form Analysis:

B-ב   ## A-א

20 - 17 a-א	4 - 1 a-א
24 - 21 b-ב	8 - 5 b-ב
28 - 25 c-ג	12 - 9 c-ג
32 - 29 d-ד	16 - 13 d-ד

Bars: 32   :תיבות
Scale: minor   סולם: מינור
Time: binary measure   משקל: זוגי

Shir Hamaalot 34 שיר המעלות

לשבת רגילה

For a regular Shabbat

ניתוח צורה:
Form Analysis:

B-ב	A-א
20 - 17 a-א	4 - 1 a-א
24 - 21 b-ב	8 - 5 b-ב
28 - 25 c-ג	12 - 9 c-ג
32 - 29 c'-'ג	16 - 13 c'-'ג

Bars: 32   תיבות:
Scale: major   סולם: מז' ור
Time: binary measure   משקל: זוגי

Shir Hamaalot 35 שיר המעלות

לשבת רגילה

For a regular Shabbat

ניתוח צורה:

Form Analysis:

A-א

Overture-פתיחה	8 - 1	a-א
	17 - 9	b-ב
	25 - 18	c-ג
	34 - 26	b-ב
	42 - 35	c-ג
Finale-קטע סיום	8 - 1	a-א

Bars: 42   תיבות:
Scale: major   סולם: מז' ור
Time: binary measure   משקל: זוגי

סגנון חסידי, כנראה בהשפעתם של יהודים אשכנזים שהיגרו ממזרח אירופה לטריטוריית "אשכנז" וכונו שם "אאוסט יודן".

Hassidic style, apparently by Ashkenazik Jews influence that emigrated from east Europe to "Ashkenaz" territory and was named there "Aussenseite Juden".

Shir Hamaalot 36 שיר המעלות

לשבת רגילה

For a regular Shabbat

ניתוח צורה:

Form Analysis:

B-ב	A-א
20 - 17 a-א	4 - 1 a-א
24 - 21 a'-א	8 - 5 a'-א
28 - 25 b-ב	12 - 9 b-ב
32 - 29 c-ג	16 - 13 c-ג

Bars: 32   :תיבות

Scale: minor   סולם: מינור

Time: binary measure   משקל: זוגי

Shir Hamaalot 37 שיר המעלות

לשבת רגילה

For a regular Shabbat

ניתוח צורה:
Form Analysis:

A-א (4x)

28 - 25 a-א	20 - 17 a-א	12 - 9 a-א	4 - 1 a-א
32 - 29 b-ב	24 - 21 b-ב	16 - 13 b-ב	8 - 5 b-ב

Bars:	32	תיבות:
Scale: major		סולם: מז' ור
Time: binary measure		משקל: זוגי

Shir Hamaalot 38 שיר המעלות

לשבת רגילה

For a regular Shabbat

ניתוח צורה:
Form Analysis:

(4x) A-א

28 - 25 a-א	20 - 17 a-א	12 - 9 a-א	4 - 1 a-א
32 - 29 b-ב	24 - 21 b-ב	16 - 13 b-ב	8 - 5 b-ב

Bars:	32	תיבות:
Scale: minor		סולם: מינור
Time: binary measure		משקל: זוגי

Shir Hamaalot 39 שיר המעלות

לשבת רגילה

For a regular Shabbat

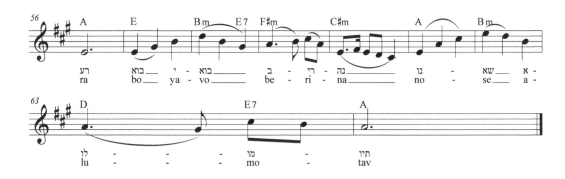

ra bo ya - vo be - ri - na no - se a -
lu - - - mo - tav

ניתוח צורה:

Form Analysis:

(4x) A-א

56 - 49 a-א	40 - 33 a-א	24 - 17 a-א	8 - 1 a-א
64 - 57 b-ב	48 - 41 b-ב	32 - 25 b-ב	16 - 9 b-ב

Bars:	64	תיבות:
Scale: major		סולם: מז' ור
Time: ternary measure		משקל: אי-זוגי

Shir Hamaalot 40 שיר המעלות

לשבת רגילה

For a regular Shabbat

| be | ri | na | no | se | a | lu | mo | tav |

ניתוח צורה:

Form Analysis:

B-ב	A-א
40 - 33 a-א	8 - 1 a-א
48 - 41 a-א	16 - 9 a-א
56 - 49 b-ב	24 - 17 b-ב
64 - 57 c-ג	32 - 25 c-ג

Bars:	64	תיבות:
Scale: major		סולם: מז' ור
Time: ternary measure		משקל: אי-זוגי

Shir Hamaalot 41 שיר המעלות

לשבת רגילה

For a regular Shabbat

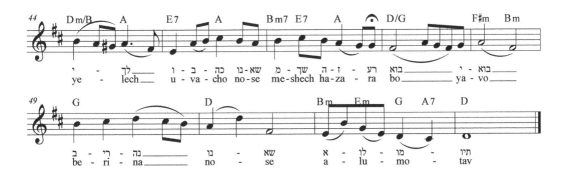

ye - lech___ u - va - cho no - se me-shech ha-za - ra bo___ ya - vo___

be - ri - na___ no - se a - lu - mo - tav

ניתוח צורה:

Form Analysis:

B-ב	A-א
30 - 27 a-א	4 - 1 a-א
34 - 31 b-ב	8 - 5 b-ב
42 - 35 c-ג	16 - 9 c-ג
46 - 43 d-ד	20 - 17 d-ד
52 - 47 c'-ג	26 - 21 c'-ג

Bars: 52 :תיבות

Scale: major סולם: מז' ור

Time: binary measure משקל: זוגי

נוסח שונה הביא ישראל מאיר יפת (1818 - 1892) בספרו "שירי ישורון" שפורסם בפפד"מ 1881, מס' 88 עמ' 144.

A different formuleted braught Israel Meir Japhet (1818 - 1892) in his book "Shirey Jeshurun"
published: Frankfurt a. M. 1881. No. 88 p. 144.

Shir Hamaalot 42 שיר המעלות

לשבת רגילה

For a regular Shabbat

ניתוח צורה:

Forn Analysus:

B-ב	A-א
22 - 19 a-א	4 - 1 a-א
26 - 23 a-א	8 - 5 a-א
30 - 27 b-ב	12 - 9 b-ב
36 - 31 c-ג	18 - 13 c-ג

Bars:	36	תיבות:
Scale: minor		סולם: מינור
Time: binary measure		משקל: זוגי

Shir Hamaalot 43 שיר המעלות

לשבת רגילה

For a regular Shabbat

ניתוח צורה:

Form Analysis:

A-א	B-ב
4 - 1 a-א	20 - 17 a-א
8 - 5 a-א	24 - 21 a-א
12 - 9 b-ב	28 - 25 b-ב
16 - 13 c-ג	32 - 29 c-ג

Bars:	32	תיבות:
Scale: major		סולם: מז' ור
Time: binary measure		משקל: זוגי

Shir Hamaalot 44 שיר המעלות

לשבת רגילה

For a regular shabbat

ניתוח צורה:

Form Analysis:

B-ב	A-א
40 - 33 a-א	8 - 1 a-א
48 - 41 a-א	16 - 9 a-א
56 - 49 b-ב	24 - 17 b-ב
64 - 57 c-ג	32 - 25 c-ג

Bars:	64	תיבות:
Scale: major		סולם: מז' ור
Time: ternary measure		משקל: אי-זוגי

Shir Hamaalot 45 שיר המעלות

לשבת רגילה

For a regular Shabbat

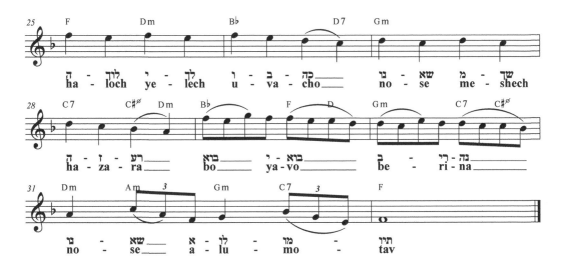

25
F Dm B♭ D7 Gm
ha - loch ye - lech u - va - cho___ no - se me - shech
28
C7 C#ø Dm B♭ F D Gm C7 C#ø
ha - za - ra___ bo___ ya - vo___ be - ri - na___
31
Dm Am 3 Gm C7 3 F
no - se___ a - lu - mo - tav

ניתוח צורה:
Form Analysis:

B- ב	**A-א**
20 - 17 a-א	4 - 1 a-א
24 - 21 a-א	8 - 5 b-א
28 - 25 b-ב	12 - 9 b-ב
32 - 29 c-ג	16 - 13 c-ג

Bars: 32 **תיבות:**
Scale: major **סולם: מז'ור**
Time: binary measure **משקל: זוגי**

Shir Hammalot 46 שיר המעלות

לשבת רגילה

For a regular Shabbat

ניתוח צורה:
Form Analysis:

A-א		B-ב	
a-א	1 - 4	a-א	17 - 20
b-ב	5 - 8	b-ב	21 - 24
c-ג	9 - 12	c-ג	25 - 28
d-ד	13 - 16	d-ד	29 - 32

תיבות:	32	Bars:
סולם: מז' ור		Scale: major

משקל: $\frac{6}{8}$ זוגי ואי-זוגי בו-זמני

Time: $\frac{6}{8}$ binary and ternary measure simultaneously

Shir Hamaalot 47 שיר המעלות

לשבת רגילה

For a regular Shabbat

ניתוח צורה:

Form Analysis:

B-ב	A-א
26 - 23 a-א	4 - 1 a-א
30 - 27 a-א	8 - 5 a-א
36 - 31 b-ב	14 - 9 b-ב
44 - 37 c-ג	22 - 15 c-ג

Bars: 44   :תיבות

Scale: minor   סולם: מינור

משקל: $\frac{6}{8}$ זוגי ואי-זוגי

בו-זמנית

Time: $\frac{6}{8}$ binary and ternary measure
      simultaneously

Shir Hamaalot 48 שיר המעלות

לשבת רגילה

For a regular Shabbat

ניתוח צורה:

Form Analysis:

א-A (4x)

א-a 25 - 28	א-a 17 - 20	א-a 9 - 12	א-a 1 - 4
ב-b 29 - 32	ב-b 21 - 24	ב-b 13 - 16	ב-b 5 - 8

Bars: 32   תיבות:

Scale: major   סולם: מז'ור

משקל: $\frac{6}{8}$ זוגי ואי-זוגי

בו-זמנית

Time: $\frac{6}{8}$ binary and ternary measure simultaneously

Shir Hamaalot 49 שיר המעלות

לשבת רגילה

For a regular Shabbat

ניתוח צורה:

Form Analysis:

A-א

a-א	4 - 1
a'-'א	8 - 5
b-ב	12 - 9
b'-'ב	16 - 13

B-ב

a-א	20 - 17
a'-'א	24 - 21
b-ב	28 - 25
b'-'ב	32 - 29

Bars:	32	תיבות:
Scale: major		סולם: מז' ור
Time: binary measure		משקל: זוגי

Shir Hamaalot 50 שיר המעלות

לשבת רגילה

For a regular Shabbat

ניתוח צורה:

Form Analysis:

(4x) **A-א**

| 28 - 25 a-א | 20 - 17 a-א | 12 - 9 a-א | 4 - 1 a-א |
| 32 - 29 b-ב | 24 - 21 b-ב | 16 - 13 b-ב | 8 - 5 b-ב |

Bars:	32	תיבות:
Scale: major		סולם: מז' ור
Time: binary measure		משקל: זוגי

Shir Hamaalot 51 שיר המעלות

לשבת רגילה

For a regular Shabbat

ניתוח צורה:

Form Analysis:

A-א (4x)

א-a	1 - 4	א-a	9 - 12	א-a	17 - 20	א-a	25 - 28
ב-b	5 - 8	ב-b	13 - 16	ב-b	21 - 24	ב-b	29 - 32

Bars:	32	תיבות:
Scale: major		סולם: מז' ור
Time: binary measure		משקל: זוגי

Shir Hamaalot 52 שיר המעלות

לשבת רגילה

For a regular Shabbat

ניתוח צורה:
Form Analysis:

B-ב	A-א
20 - 17 a-א	4 - 1 a-א
24 - 21 b-ב	8 - 5 b-ב
28 - 25 c-ג	12 - 9 c-ג
32 - 29 d-ד	16 - 13 d-ד

Bars:	32	תיבות:
Scale: major		סולם: מז' ור
Time: binary measure		משקל: זוגי

Shir Hamaalot 53 שיר המעלות

לשבת רגילה

For a regular Shabbat

ניתוח צורה:
Form Analysis:

(4x) A-א

a-א 1 - 4	a-א 9 - 12	a-א 17 - 20	a-א 25 - 28
b-ב 5 - 8	b-ב 13 - 16	b-ב 21 - 24	b-ב 29 - 32

Bars:	32	תיבות:
Scale: minor		סולם: מינור
Time: binary measure		משקל: זוגי

Shir Hamaalot 54 שיר המעלות

לשבת רגילה

For a regular Shabbat

ניתוח צורה:

Form Analysis:

(4x) A-א

28 - 25 a-א	20 - 17 a-א	12 - 9 a-א	4 - 1 a-א
32 - 29 b-ב	24 - 21 b-ב	16 - 13 b-ב	8 - 5 b-ב

Bars:	32	תיבות:
Scale: major		סולם: מז' ור
Time: binary measure		משקל: זוגי

Shir Hamaalot 55 שיר המעלות

לשבת רגילה

For a regular Shabbat

ניתוח צורה:
Form Analysis:

B-ב		**A-א**	
20 - 17	a-א	4 - 1	a-א
24 - 21	'a-'א	8 - 5	'a-'א
28 - 25	b-ב	12 - 9	b-ב
32 - 29	c-ג	16 - 13	c-ג

Bars:	**32**	תיבות:
Scale: major		סולם: מז'ור
Time: binary measure		משקל: זוגי

Shir Hamaalot 56 שיר המעלות

לשבת רגילה

For a regular Shabbat

ניתוח צורה:
Form Analysus:

A-א		B-ב	
א-a	1 - 4	א-a	17 - 20
א-a	5 - 8	א-a	21 - 24
ב-b	9 - 12	ב-b	25 - 28
ג-c	13 - 16	ג-c	29 - 32

Bars:	**32**	**תיבות:**
Scale: minor		**סולם: מינור**
Time: binary measure		**משקל: זוגי**

Shir Hamaalot 57 שיר המעלות

לשבת רגילה

For a regular Shabbat

ניתוח צורה:
Form Analysis:

(4x) **A-א**

28 - 25 a-א	20 - 17 a-א	12 - 9 a-א	4 - 1 a-א
32 - 29 b-ב	24 - 21 b-ב	16 - 13 b-ב	8 - 5 b-ב

Bars: 32   תיבות:
Scale: major   סולם: מז'ור
Time: binary measure   משקל: זוגי

Shir Hamaalot 58 שיר המעלות

לשבת רגילה
For a regular Shabbat

ניתוח צורה:
Form Analysis:

(4x) A-א

| 56 -49 | a-א | 40 - 33 | a-א | 24 - 17 | a-א | 8 - 1 | a-א |
| 64 - 57 | b-ב | 48 - 41 | b-ב | 32 - 25 | b-ב | 16 - 9 | b-ב |

Bars:	64	תיבות:
Scale: minor		סולם: מינור
Time: ternary measure		משקל: אי-זוגי

Shir Hamaalot 59 שיר המעלות

לשבת רגילה

For a regular Shabbat

ניתוח צורה:
Form Analysis:

B-ב	A-א
א 21 - 24	א 1 - 4
'א 25 - 28	'א 5 - 8
ב 29 - 32	ב 9 - 12
ג 33 - 36	ג 13 - 16
ד 37 - 40	ד 17 - 20

Bars:	40	תיבות:
Scale: minor		סולם: מינור
Time: binary measure		משקל: זוגי

Shir Hamaalot 60 שיר המעלות

לשבת רגילה

For a regular Shabbat

ניתוח צורה:
Form Analysis:

B-ב	A-א
20 - 17 a-א	4 - 1 a-א
24 - 21 a'-א'	8 - 5 a'-א'
28 - 25 b-ב	12 - 9 b-ב
32 - 29 c-ג	16 - 13 c-ג

Bars:	32	תיבות:
Scale: major		סולם: מז'ור
Time: binary measure		משקל: זוגי

Shir Hamaalot 61 שיר המעלות

לשבת רגילה

For a regular Shabbat

ניתוח צורה:
Form Analysis:

A-א (4x)

a-א	1 - 4	a-א	9 - 12	a-א	17 - 20	a-א	25 - 28
b-ב	5 - 8	b-ב	13 - 16	b-ב	21 - 24	b-ב	29 - 32

תיבות: 32 Bars:

סולם: מז'ור Scale: major

משקל: $\frac{6}{8}$ זוגי ואי-זוגי בו-זמנית

Time: $\frac{6}{8}$ binary and ternary measure simultaneously

Shir Hamaalot 62 שיר המעלות

לשבת רגילה

For a regular Shabbat

ניתוח צורה:
Form Analysis:

B-ב	A-א
28 - 25 a-א	4 - 1 a-א
32 - 29 a-א	8 - 5 a-א
36 - 33 b-ב	12 - 9 b-ב
40 - 37 b'-'ב	16 - 13 b'-'ב
48 - 41 c-ג	24 - 17 c-ג

Bars: 48   תיבות:
Scale: major   סולם: מז'ור
Time: binary measure   משקל: זוגי

Shir Hamaalot 63 שיר המעלות

לשבת רגילה

For a regular Shabbat

ניתוח צורה:
Form Analysis:

B-ב		A-א	
a-א	17 - 20	a-א	1 - 4
b-ב	21 - 24	b-ב	5 - 8
c-ג	25 - 28	c-ג	9 - 12
d-ד	29 - 32	d-ד	13 - 16

Bars:	**32**	**תיבות:**
Scale: major		**סולם: מז'ור**
Time: binary measure		**משקל: זוגי**

Shir Hamaalot 64 שיר המעלות

לשבת רגילה
For a regular Shabbat

ניתוח צורה:
Form Analysis:

א-A (4x)

א-a 4 - 1	א-a 12 - 9	א-a 20 - 17	א-a 28 - 25
ב-b 8 - 5	ב-b 16 - 13	ב-b 24 - 21	ב-b 32 - 29

תיבות:	32	Bars:	
סולם: מז'ור		Scale: major	
משקל: זוגי		Time: binary measure	

Shir Hamaalot 65 שיר המעלות

לשבת רגילה

For a regular Shabbat

ניתוח צורה:

Form Analysis:

B-ב	A-א
28 - 25 a-א	4 - 1 a-א
32 - 29 a-א	8 - 5 a-א
36 - 33 b-ב	12 - 9 b-ב
40 - 37 b'-'ב	16 - 13 b'-'ב
48 - 41 c-ג	24 - 17 c-ג

Bars: 48 תיבות:

Scale: major סולם: מז'ור

Time: binary measure משקל: זוגי

Shir Hamaalot 66 שיר המעלות

לשבת רגילה

For a regular Shabbat

ניתוח צורה:
Form Analysis:

B-ב	A-א
20 - 17 ג-c	4 - 1 א-a
24 - 21 ג'-'c	8 - 5 ב-b
28 - 25 א-a	12 - 9 א-a
32 - 29 ב-b	16 - 13 ב-b

Bars: 32 :תיבות
Scale: major סולם: מז'ור
Time: binary measure משקל: זוגי

Shir Hamaalot 67 שיר המעלות

לשבת רגילה

For a regular Shabbat

ניתוח צורה:
Form Analysis:

A-א

א-a 1 - 4
א-a 5 - 8
ב-b 9 - 12
ב'-b' 13 - 16

B-ב

ג-c 17 - 20
ד-d 21 - 24
ד'-d' 25 - 28

Bars:	28	תיבות:
Scale: major		סולם: מז'ור
Time: binary measure		משקל: זוגי

Shir Hamaalot 68 שיר המעלות

לשבת רגילה

For a regular Shabbat

ניתוח צורה:
Form Analysis:

B-ב	A-א
21 - 18 a-א	4 - 1 a-א
25 - 22 a-א	8 - 5 a-א
34 - 26 b-ב	17 - 9 b-ב

Bars: 34   :תיבות
Scale: minor   סולם: מינור
Time: binary measure   משקל: זוגי

Shir Hamaalot 69 שיר המעלות

לשבת רגילה

For a regular Shabbat

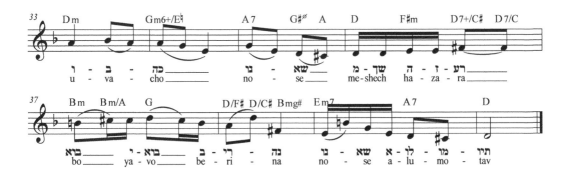

u - va - cho _____ no - se me-shech ha - za - ra _____

bo _____ ya - vo be - ri - na no - se a - lu - mo - tav

ניתוח צורה:
Form Analysis:

B-ב	A-א
24 - 21 a-א	4 - 1 a-א
28 - 25 b-ב	8 - 5 b-ב
32 - 29 c-ג	12 - 9 c-ג
36 - 33 d-ד	16 - 13 d-ד
40 - 37 e-ה	20 - 17 e-ה

Bars: 70   :תיבות
Scale: minor   סולם: מינור
Time: binary measure   משקל: זוגי

Shir Hamaalot 70 שיר המעלות

לשבת רגילה

For a regular Shabbat

Shavuot-שבועות
ha - zor - im be-dim - a
be - ri - na - yik - tso - ru
Shabbat "Chazon"-"חזון" שבת
ha-loch ye-lech u-va-cho no-se me-shech ha-za-ra
bo ya-vo be-ri - na no-se a-lu-mo-tav te-hi-
Aneim zmirot-אנעים זמירות
lat A-do-nay ye-da-ber pi vi-va-rech kol ba-sar shem kod-sho le-o-lam va-ed
Rosh Hashana-ראש השנה
va-a-nach-nu ne-va-rech ya me-a-ta ve-ad o-lam ha-le-lu-ya
Sucot-סוכות
kol ha-ne-sha-ma te-ha-lel-ya ha - le-lu-ya
Simchat Tora-שמחת תורה
mi ye-ma-lel ge-vu-rat A-do-nay
yash - mi-a kol tehi - la-to

Shir Hammalot 71 שיר המעלות

לקט נעימות מתוך התפילה ומתוך "קדיש השנה" ששרו בשמחת תורה

For Simchat Tora Collection of melodies from the "Tefila" and from the "Kadish Year"

שיר המעלות 72 כדוגמה, במבטא גרמני
ראו לשם השוואה שיר המעלות 46 באנתולוגיה

Schir hammaalot